Emma P.

Artgerechte Haltung eines Männchens
Erwerb, Erziehung, Entsorgung

Emma P.

Artgerechte Haltung eines Männchens

Erwerb, Erziehung, Entsorgung

Marlon
www.marlon-verlag.de

Bibliografische Information der Deutschen Nationalbibliothek
Die Deutsche Nationalbibliothek verzeichnet diese Publikation in der Deutschen Nationalbibliografie; detaillierte bibliografische Daten sind im Internet über http://dnb.ddb.de abrufbar.

ISBN 978-3-943172-00-3

Die Autorin:
EMMA P. ist ein Phänomen. Als ehemalige klassische Tänzerin entschloss sich die Mutter von zwei erwachsenen Kindern nach 17 Jahren Bühnenpause, eine neue Karriere zu beginnen. Sie kreierte im Jahr 2009/10 die Rolle, schrieb ihr Soloprogramm und probierte sich auf Berliner Kleinkunstbühnen aus. Nach ihrer erfolgreichen Premiere im Dezember 2010 im Münchner Hofbräukeller bekam EMMA P. von Udo Walz die Möglichkeit, sich dem Berliner Publikum in seiner Galerie »fasanen37« vorzustellen.

Internet: www.Emma-p.de
Facebook: Emma P

Originalausgabe 2011

Ein Imprint der Joh. Brendow & Sohn Verlag GmbH, Gutenbergstr. 1, 47443 Moers
www.marlon-verlag.de

Fotos:	© Henrik Andree For OOPSPHOTO.DE (Foto, Composing und Layout)
Lektorat:	Eckhard Schwettmann, Gernsbach
Korrektorat:	Otmar Fischer, Münster
Umschlag:	BrendowPrintMedien, Moers
Satz:	CDS-TEX
Druck und Verarbeitung:	Bercker Graphischer Betrieb, Kevelaer

Printed in Germany

Inhalt

Interview mit Emma P.

Warum wollten Sie 2010 auf die Bühne gehen?

Lang genug habe ich geschwiegen, es wird Zeit, dass ich meinen Leidensgenossinnen die Augen öffne und sie vor den Folgen von »Männerbekanntschaften« warne.

Wo waren Sie vor 2010?

Erfahrungen sammeln! Ich habe seit ca. 20 Jahren die Spezies »Mann« studiert!

Gescheiterte Beziehungen, schmerzliche Blind Dates und lange Nächte in Bars machten mich ungewollt zur Expertin!

Ich weiß um das Geheimnis Mann, ich habe die Lösung!

Was haben Sie vor dem Aufstieg beruflich gemacht?
Innenarchitektin, Erzieherin, Köchin, Putzfrau, Buchhalterin, Projektmanagerin, kurz gesagt: Hausfrau und Mutter.

... und warum haben Sie all diese Jobs aufgegeben?
Mein Lebensgefährte hat mich verlassen, und die Kinder sind fast erwachsen, plötzlich war ich arbeitslos.

Worum geht es in Ihrem Programm genau?
Am besten ist, Sie kommen vorbei und sehen selbst.

Welches ist für Sie der schönste Ort auf dieser Welt?
Ein Schuhgeschäft.

... und ihre Lieblingsbeschäftigung?
Komplimente hören.

Was, glauben Sie, muss in Deutschland dringend verändert werden?
Die Botoxpreise!

Danke schön und viel Erfolg.

Viele Männchen können Sie in der Pfeife rauchen ...

Vorwort

Ja, ich liebe sie, die Männchen!

Ich liebe sie so sehr, dass ich sie zu meinem Lebensinhalt gemacht habe.

Und ja, ich will auch eines heiraten!

Ich habe mich geopfert, um dieses Buch schreiben zu können! Nächtelange Recherchen, unzählige One-Night-Stands und einige Beziehungen habe ich auf mich genommen, um die tiefsten Geheimnisse der Männchen zu ergründen. Und das Resultat? Männchen haben keine Geheimnisse. Sie sind so einfach gestrickt, wie sie scheinen, und sie machen uns dadurch das Leben leichter – theoretisch zumindest.

Ich habe mit vielen Frauen gesprochen, mir ihre Geschichten angehört – und musste dabei immer wieder eines feststellen: Wir Frauen begehen einen Fehler nach dem anderen, jedenfalls wenn wir lieben. Sobald wir die rosarote Brille aufsetzen, geht uns die Fähigkeit zu rationalem Denken und Handeln verloren. Wir werden schwach, gefällig und wollen unseren Schatz verwöhnen, ohne auch nur darüber nachzudenken, was wir selbst eigentlich wollen und was wir mit diesem Verhalten anrichten. Wir stellen unser Licht unter den Scheffel, mutieren zu Köchinnen, Krankenschwestern und mütterlichen Wesen. Der Mann ist dann mit Recht enttäuscht, denn kennenglernt hat er eine selbstbewusste und starke Frau, und die hätte er auch gern behalten. Doch die Rolle, die wir uns selbst gebastelt haben, können wir nun nicht mehr so einfach ablegen. Wir sitzen fest und flüchten uns in die bequeme Opferrolle: Er ist schuld!

Wir tun den Männern unrecht, denn sie haben uns nicht gezwungen, so zu sein, wir selbst wurden so. Nun mag man sagen, dass es möglich ist, eine Beziehung zu führen, in der jede so sein kann, wie sie ist. Die Frage lautet vielmehr: Sind wir wirklich so? Wollen wir bis an unser Lebensende kochen und bemuttern, rücksichtsvoll und bequem sein?

Wichtig ist, dass wir uns selbst sicher genug sind, auch zu sagen, welches unsere Wünsche sind. Ich weiß, unbequem zu sein verlangt Mut, zu groß ist die Verlustangst. Also bauen wir uns neue Lügengebilde, allein um stark zu wirken.

Viele von uns versuchen, Gegenentwürfe zu dieser Rolle zu entwickeln – und tappen dabei in die nächsten Fallen. Wir gehen lockere Beziehungen ein, obwohl wir uns nach einer Partnerschaft sehnen. Und wir erzählen allen, wie emanzipiert wir sind, weil wir wieder mal einen One-Night-Stand hatten. Sind wir emanzipiert, wenn wir uns »einfach nehmen, was wir wollen«? Wir wirken dadurch vielleicht selbstbewusst – aber sind wir es auch?

Wir passen uns an, wenn die neue Errungenschaft zu uns sagt: »Wir lassen es erst einmal locker angehen.« Doch wollen wir es wirklich locker angehen?

Die Sehnsucht nach einer Partnerschaft lässt uns immer wieder in eine gefällige Position rutschen. Was kann denn für einen Mann bequemer sein, als eine Frau zu haben, die nichts von ihm einfordert?

Andere von uns wählen den Weg, sich in Arbeit zu stürzen. Aber auch hier lauern zahlreiche Fallen. Frauen, die in hohen Positionen sind, die sogenannten Karrierefrauen, können zu Recht stolz auf sich sein, und sie haben zumeist auch wirklich Freude an ihrer Arbeit. Aber wie geht es zum Beispiel der Kassiererin im Supermarkt? Selbstverwirklichung im Beruf funktioniert nur, wenn man frei entscheiden kann, wo, was und wie man arbeiten will. Das wiederum geht nur mit einem hervorragenden Schulabschluss – und wer hat den schon?

Dieses Büchlein soll allen Frauen, die glauben, immer wieder zu scheitern oder langsam ihr Selbstbewusstsein verlieren, ein Lächeln auf die Lippen zaubern. Das Absurde an vielen Geschichten, die ich für dieses Buch geschrieben habe, besteht darin, dass sie tatsächlich funktionieren könnten. Absurd ist zum Beispiel, dass ich auf Facebook unglaublich viele männliche »Verehrer« habe, obwohl ich behaupte, ich suchte einen reichen Mann und würde mich niemals auf Sex vor der Ehe einlassen.

Absurdes liegt oft so dicht an der Wahrheit, dass man fast fragen möchte, ob es nicht vielleicht sogar die Wahrheit ist.

Statt zu grübeln und zweifeln, sollten Sie lieber mit mir lachen, über uns und die Männer. Letztendlich lieben wir alle irgendwie das Absurde, nehmen wir es also leicht!

Glauben Sie mir, es wäre alles so einfach, wenn ...!

Manche sind zum Vernaschen da.

I

Vom Einfangen eines Männchens – die richtigen Methoden

Die Anschaffung des Männchens

Bevor Sie sich daranmachen, ein Männchen einzufangen, sollten Sie zunächst einmal eine gute Auswahl treffen und sich sehr genau überlegen, für welche Zwecke Sie ein Männchen einsetzen wollen. Wenn Sie dies versäumen, laufen Sie Gefahr, unüberlegt und übereilt zu handeln, und finden sich plötzlich als Halterin eines Männchens wieder, das absolut ungeeignet für Ihre Bedürfnisse und Zwecke ist.

Das wichtigste Kriterium für JEDE künftige Halterin sollte sein, dass ihr Männchen ausgewachsen ist. Vor allem sollte seine geistige Entwicklung möglichst abgeschlossen sein – womit wir dann schon vor einem fast unlösbaren Problem stehen: Leider hat das Männchen meistens schon ein recht hohes Alter erreicht, wenn die geistige Entwicklung abgeschlossen ist, was den Nachteil mit sich bringt, dass seine Physis oft zu wünschen übrig lässt – und das nicht nur beim Paarungsakt.

Wenn Sie sich also ein Männchen zulegen wollen, müssen Sie sich entscheiden: Planen Sie die langfristige Haltung eines Männchens, dann empfiehlt sich unbedingt das zahme, auch geistig ausgewachsene, damit jedoch auch ältere Exemplar! Da ich die zweijährige Ehe empfehle, hat das ältere Männchen im Prinzip den Vorteil, sich selbst zu entsorgen. Darauf können Sie sich aber heutzutage leider nicht mehr verlassen, da so manches Männchen mehr als 100 Jahre alt wird. Frau Heesters kann ein Lied davon singen!

Aber vielleicht suchen Sie ja doch ein Männchen für den kurzen Zeitvertreib? Dann ist es selbstverständlich von Vorteil, ja sogar notwendig, auf dessen körperliche Konstitution zu achten. Der geistige Entwicklungsstand ist in diesem Fall allenfalls sekundär. Wenn Sie als Halterin es allerdings auch noch schaffen, solch ein Exemplar zum Schweigen zu bewegen, damit es keine Nörgeleien von sich geben kann, werden Sie mit Gewissheit großes Vergnügen an Ihrem Männchen haben. Trainieren müssen Sie dieses allerdings trotzdem. Wie? Das erfahren Sie später.

Wie fange ich ein Männchen ein?

Den Köder auswerfen!

Wie fängt man ein Männchen? Nichts leichter als das! Männchen können nicht denken. Sie handeln ausschließlich instinktiv, wenn es um die Aussicht auf einen Paarungsakt zwecks Vermehrung der eigenen Spezies geht.

Der Instinkt reagiert auf visuelle Reize und Gerüche. Dies lässt sich auch sehr schön in der Insektenwelt beobachten. Hier muss ich einmal kurz ausholen, um an einem Beispiel deutlich zu machen, dass jede Spezies ihre eigene Wahrnehmung hat. Ein Kartoffelkäfer gibt sich mit der Kartoffelpflanze zufrieden. Diese riecht nicht besonders angenehm und macht auch sonst nicht viel her, doch für den Kartoffelkäfer ist das vollkommen ausreichend. Für die fleißige Biene hingegen reichen solch schwache Reize nicht aus. Hier sind ein verführerischer Duft, angenehme Farben und eine schöne Form von äußerster Wichtigkeit.

Diesen Vergleich kann man nun auch vollständig auf die Welt der Männchen anwenden. Das finanziell erfolgreiche

Männchen bevorzugt Chanel No. 5, Dior-Kleider, Make-up, Silikon, Botoxlippen und -brüste und eine durchtrainierte Figur, wohingegen das Bauernmännchen eher auf Kölnisch Wasser, H&M-Klamotten, ungefärbte Haare und Natürlichkeit in Gesicht und Figur reagiert.

Wenn sich nun die zukünftige Besitzerin eines Männchens entschieden hat, welche Spezies sie bevorzugt und wofür sie das Männchen einsetzen will, muss sie nur noch den entsprechenden Köder auswerfen.

Das Einfangen des Männchens in einer Bar

Es gibt verschiedene Orte, wo ein Männchen unbemerkt eingefangen werden kann. Mit einer guten Strategie kann das Männchen praktisch überall gefangen werden. Nachdem Sie mein Buch gelesen haben, werden Sie in der Lage sein, eigene Techniken zu entwickeln. In der Bar hat sich die im Folgenden beschriebene Methode bewährt.

Das Einfangen eines Männchens auf diese Weise will allerdings gut vorbereitet sein – und dies oft schon Tage im Voraus. Um erfolgreich sein zu können, sind zunächst einmal die Grundvoraussetzungen zu schaffen:

1. Die Kinder, falls vorhanden, werden zu den Großeltern gebracht, möglichst schon eine Woche vorher.
2. Sämtliches Getier wird für Tage im Voraus versorgt oder, besser noch, ebenfalls außer Haus untergebracht.
3. Ausgiebiges Baden und Peelen, das Kleben von Wimpern, Enthaarung des Körpers sowie Belackung der Finger- und Fußnägel sind von außerordentlicher Bedeutung! Wie schon erwähnt, reagieren Männchen fast ausschließlich auf sinnliche, insbesondere visuelle Reize.

4. Man lade sich in die Bar eine unkomplizierte, leichtgläubige Freundin ein – sie darf allerdings auf gar keinen Fall jünger sein als man selbst, das macht alt und ist kontraproduktiv.
5. Diese Freundin sollte keine Antialkoholikerin sein, denn zu ihren Aufgaben gehört es, möglichst viele Cocktails zu schlürfen. Sie selbst trinken jedoch nichts! Absolut nichts.

Wenn diese Vorbereitungen getroffen sind, kann die Jagd beginnen. Nun begeben Sie sich mit Ihrer Freundin in ein Lokal Ihrer Wahl. Hier setzen Sie sich und Ihre möglichst schon leicht angetrunkene Freundin (um den Kostenaufwand zu reduzieren, können Sie ihr zu Hause schon ein paar Gläschen Prosecco anbieten) neben das leckerste Männchen-Exemplar, das in diesem Laden ausfindig zu machen ist.

In diesem Augenblick beginnt auch schon die Werbungsphase, jetzt ist überlegtes Vorgehen gefragt. Lautes Lachen suggeriert dem Männchen, dass dieses Frauchen leicht zu unterhalten ist und offenbar ein sorgenfreies Leben führt. Leider hat sich im Gefolge der Emanzipation das Werbeverhalten des Männchens stark verändert. In einer Bar sitzt ein einzelnes Exemplar deshalb meist schüchtern und starr vor sich hin blickend vor seinem Glas und ist deshalb auch nicht durch Blickkontakt anzulocken. Früher konnte man ein Männchen noch »aus Versehen« mit einem Drink bekleckern, um den Vorgang zu beschleunigen; heute jedoch kommt es des Öfteren vor, dass ein Männchen in einem solchen Fall mehr als unfreundlich reagiert. Das liegt am mangelnden Selbstbewusstsein der modernen Männchen – hierzu an anderer Stelle mehr –, doch ändert das natürlich nichts daran, dass das Anlocken für ein Frauchen dadurch zu einer echten Herausforderung geworden ist.

Die fast schon einzige Alternative zu einem Bekleckern des Männchens besteht heutzutage darin, die Freundin weiter abzufüllen; sie wird sich nicht wehren, da sie ja unkompliziert ist.

Wenn sie dann schließlich vom Hocker gefallen ist, schaltet sich automatisch der Beschützerinstinkt des Beutetieres ein – endlich geht es voran. Jetzt ist es äußerst wichtig, dass Sie völlig hilflos und besorgt wirken, das stärkt das Selbstbewusstsein des Männchens. Natürlich wird das Leckerli in einer solchen Notlage dem Frauchen heldenhaft seine Unterstützung anbieten. Gemeinsam können Sie nun die betrunkene Freundin nach Hause bringen, die wird nämlich nicht mehr benötigt.

Danach fahren Sie natürlich zu *ihm* nach Hause. Zwar ist es manchmal sehr unangenehm und hart, den Paarungsakt in einer Junggesellenwohnung zu vollziehen, doch das ist erheblich besser, als sich der Gefahr auszusetzen, in Zukunft ständig einen Stalker vor Ihrer Wohnungstür anzutreffen. So etwas beeinträchtigt nachhaltig die Nachbarschaftsverhältnisse – glauben Sie mir, ich weiß wovon ich rede!

Einen letzten Hinweis gilt es für Sie unbedingt noch zu beachten: Vergessen Sie nicht, dem Männchen hinreichend zu schmeicheln und es für seinen selbstlosen Einsatz zu loben, sonst könnte es bei ihm leicht zu Potenzstörungen kommen.

Mit etwas Glück beginnt nun auch für Sie ein entspannter Abend – und selbstverständlich dürfen auch Sie nun getrost Alkohol trinken.

Das Einfangen eines Männchens bei Facebook

Die Zeiten sind hart. In der realen Welt ist es inzwischen fast unmöglich geworden, ein Männchen zu fangen. Männchen sind bekanntlich sehr scheu und fühlen sich deshalb im Netz wesentlich sicherer als auf freier Wildbahn. Weil Männchen aber auch Rudeltiere sind, brauchen sie ein gewisses Maß an Kommunikation und Konversation. Und so trifft man sie scharenweise im Internet, vorzugsweise in anonymen Chats, immer häufiger aber auch in sozialen Netzwerken. Hier erfreut sich insbesondere Facebook immer größerer Beliebtheit. Das Männchen kann hemmungslos mit schönen Frauen reden, ohne dass es ein wirkliches Risiko eingeht. Selbst beim Austausch von Privatnachrichten und im Chat-Room bleiben ihm immer noch genügend Rückzugs- und Fluchtmöglichkeiten. Glaubt das Männchen jedenfalls!

Aber auch in dieser virtuellen Welt bleiben die Männchen natürlich instinktgeleitet. Geht die künftige Halterin eines solchen Wesens hier auf die Pirsch, muss sie in erster Linie visuelle Reize ausstrahlen beziehungsweise aussenden. Wenn Sie folgende Ratschläge beherzigen, wird die Jagd bei Facebook zu einem Kinderspiel:

1. Gehen Sie zu einem Profifotografen und lassen Sie sexy Bilder von sich machen. Können Sie sich das nicht leisten, bleibt Ihnen noch die Möglichkeit, Ihre Fotos durch eine Fotoshop-Bearbeitung aufzupeppen. Augen färben, Gesicht glätten, Hautfarbe perfektionieren. Das macht etwas Arbeit, jedoch ist es das Resultat verblüffend. Sie können locker zehn Jahre rausholen. Noch einfacher ist die Methode, aktuelle durch ältere Fotos zu ersetzen – Sie erzielen damit garantiert den gleichen Effekt: Männchen lieben junge und makellose Frauen und sehen allzu gern nur deren optische Vorzüge.
2. Posten Sie süße Tierbilder, Hunde oder Katzen – alles ist erlaubt. Sie wirken nun auf das Männchen weichherzig.
3. Posten Sie Links mit sentimentaler Musik, hin und wieder aber auch Hardrock-Songs, um dem Männchen so zu zeigen, dass Sie sensibel sind, gleichzeitig aber durchaus über einen *flexiblen* Musikgeschmack verfügen.
4. Sehr wichtig ist das Posten von Fotos, die Ihre Kochkünste belegen. Damit demonstrieren Sie Ihre häuslichen Neigungen und Fähigkeiten. Gut ist der ganze Prozess vom Einkauf über den Blick in den Kochtopf bis hin zum perfekt

gedeckten Tisch. Dieser Faktor wird häufig unterschätzt – aber ich kann nur betonen: Die Fütterung eines Männchens ist von größter Bedeutung! Vergessen Sie das nie!

5. Unter »arbeitet bei« schreiben Sie bitte »Alleinige geschäftsführende Gesellschafterin bei« (hier gehört ein ausgedachter Firmenname hin), das zeigt Ihre Unabhängigkeit und hebt Ihren gesellschaftlichen Status. Nachteil: Manche Männchen googlen die Firma und finden dann nichts; doch seien Sie unbesorgt, das machen meist nur die Heiratsschwindler. Wenn Sie sicher gehen wollen, schreiben Sie »selbst und ständig«, das ist weit verbreitet und hat hohen Wiedererkennungswert.
6. Als Statusmeldungen reichen normalerweise kurze Sätze, zum Beispiel: »Ich war 12 Stunden in der Firma, jetzt ein Glas Rothschild. Ich habe es mir verdient!« Wenn Sie wollen, dass ein Männchen regelmäßig Ihre Pinnwand besucht, dürfen Sie es auf gar keinen Fall überfordern, indem Sie mehr als das Nötigste schreiben. Also höchstens zwei Sätze!
7. Wenn Sie mit Frauen kommunizieren, benutzen Sie unbedingt Herzen und Kusssymbole, das offenbart dem Männchen Ihre Verspieltheit und Jugendlichkeit. Auch vermitteln Sie dadurch das Gefühl, Liebe geben zu können und wollen.
8. Halten Sie sich mit Kommentaren zu dem, was Ihr auserwähltes Männchen schreibt, unbedingt bedeckt und geben Sie auch im Austausch mit Frauen nicht zu viel von sich preis, sonst erscheinen Sie nicht mehr geheimnisvoll genug, und es kommt nicht zum erwünschten Chat-Kontakt!
9. Bleiben Sie im Chat immer online – Sie zeigen dadurch, dass Sie »allzeit bereit« sind. Während der Chats sollten Sie kurz antworten und dem Männchen die Gesprächsführung überlassen. Diese Methode verspricht den größten Erfolg, und Sie können dabei gemütlich ungeschminkt vor dem Rechner sitzen – bis Sie zu einem Videogespräch über Skype aufgefordert werden. Vergessen Sie dann aber um Gottes Willen nicht, sich vorher zu schminken!

Wenn Sie das alles beachten, werden Sie bald zum Essen ausgeführt; aber nehmen Sie bitte Geld mit, das Männchen zahlt – nach meinen Forschungsergebnissen – in 83 Prozent der Fälle nicht für Sie!

Wie fange ich ein Männchen in einem Elektronik-Fachgeschäft

Media Markt, Saturn und wie sie alle heißen – dort sind sie zu Tausenden anzutreffen, die besonders männlichen Männchen. Sie bewundern kleine Notebooks, lackierte Flachbildschirme, Smartphones oder das neueste Männchen-Spielzeug, den Tablet-Computer.

Im Elektronik-Fachgeschäft befindet sich das Männchen in einer ganz außergewöhnlichen Hochstimmung: Es fühlt sich, als würde es die Welt beherrschen, zumindest die der elektronischen Geräte. In Gesprächen mit Verkäufern wird die Stimme des Männchens tiefer, sein Gang ist plötzlich aufrechter als sonst, seine Brust schwillt. Kurz: Das Männchen strotzt nur so vor Männlichkeit. (Jetzt fragen sich viele: Setzt ein solcher Laden gar Testosteron frei? Meine Forschungsarbeiten waren bis zur Veröffentlichung dieses wissenschaftlichen Ratgebers leider noch nicht abgeschlossen, aber ich versichere Ihnen, im nächsten Buch erfahren Sie es!)

Für ein Frauchen auf der Jagd ist das DIE Chance, glauben Sie mir! Sobald der Verkäufer verschwunden ist, wenden Sie sich umgehend mit folgenden Sätzen an das Männchen: »Sie sehen aus, als würden Sie was davon verstehen. Ich wollte mir gern ein kleines Notebook kaufen, habe aber so gar keine Ahnung von diesen Geräten. Könnten Sie mir vielleicht weiterhelfen?«

Ohne zu zögern und höchst erfreut wird Ihnen das Männchen nun alle Notebooks präsentieren, die in den Regalen herumstehen, vor allem natürlich die großen, obwohl Sie ja ausdrücklich nach einem kleinen, handlichen Gerät gefragt haben.

Sie befinden sich jetzt konsequent in der Rolle der passiven Zuhörerin, die aus dem Staunen nicht mehr herauskommt. Stellen Sie aber um Gottes Willen keine Fragen nach der Leistung der Grafikkarte, der Größe des Arbeitsspeichers oder nach dem Prozessor! So etwas irritiert das Männchen, es geht ja schließlich davon aus, dass Sie gar keine Ahnung von der Hardware eines Notebooks haben. Und keines der Männchen vermag es, Ihre Frage aus dem Stegreif zu beantworten, es müsste auf seinem Ei-Phone googlen, und das könnte Stunden dauern, denn damit kann es ja auch nicht umgehen. Das ist gefährlich. Denn Sie wissen ja: Überforderung wirkt sich negativ auf das sexuelle Leistungsvermögen des Männchens aus.

Stattdessen loben und bewundern Sie besser das Wissen des Männchens ausgiebig und fragen nach seiner Telefonnummer, weil Sie es gern um Rat bitten würden, wenn Sie wieder einmal in technischen Dingen etwas nicht verstehen.

Am nächsten Abend – auf keinen Fall früher – rufen Sie dann an und sagen dem Männchen, dass Sie nicht ins Internet kämen. Mit hundertprozentiger Wahrscheinlichkeit wird sich das Männchen bereiterklären, Ihnen sofort persönlich zur Seite zu stehen, und Sie nach Ihrer Adresse fragen.

Jetzt heißt es, schnell die letzten Vorbereitungen zu treffen. Stellen Sie ein paar Snacks (Buletten funktionieren immer) und eine Flasche Wein bereit (Bier besser nicht, denn vermutlich geht das Männchen davon aus, dass Sie so etwas nicht trinken und extra eingekauft haben). Zur Garderobe muss ich hier wohl nichts weiter sagen. Und vergessen Sie bloß nicht, den Telefonstecker zu ziehen. (Er kann Sie dann über das Festnetz nicht erreichen! Warum? Sie werden es gleich erfahren.)

Im nächsten Schritt kommt es darauf an, dass Sie das Männchen direkt an den Rechner setzen und es möglichst lange

»arbeiten« lassen. Ertragen Sie Äußerungen wie: »Das Problem liegt sicher am Server« oder »Ich denke, der Browser ist kaputt« oder »Das ist bestimmt der falsche Router« unbedingt schweigend und mit verständnislosem Kopfschütteln.

Erst wenn das Männchen schon leicht beschwipst ist oder felsenfest behauptet, der Computer sei definitiv kaputt, drücken Sie den Stecker wieder unauffällig in die Buchse. Das Problem ist behoben, und das Männchen ist IHR persönlicher Held, was Sie ihm jetzt natürlich auch zu verstehen geben dürfen. Durch sein neugewonnenes Selbstbewusstsein wird es sexuelle Höchstleistungen erbringen.

Ich garantiere Ihnen: Das klappt! Viel Erfolg!

Das Einfangen eines Hoteldirektorenmännchens

Sie reisen gerne, haben aber kein Männchen, das über genügend finanzielle Mittel verfügt, um Ihnen mehrere angenehme Urlaube im Jahr schenken zu können? Oder Sie lieben zwar das Reisen, haben aber keine Lust oder keine Lust mehr, sich ein Männchen zuzulegen, um dessen Haltung und Erziehung Sie sich das ganze Jahr, also auch außerhalb der Urlaube, kümmern müssten? Dann empfehle ich Ihnen, sich ein Hoteldirektorenmännchen zuzulegen.

Natürlich gilt es auch hier wieder, mit Bedacht vorzugehen.

Als Erstes sollten Sie sich ein Hotel aussuchen, das überteuert ist und keiner großen Kette angehört. Wählen Sie am besten ein Domizil aus, von dem Sie meinen, Sie möchten hier vier- bis sechsmal im Jahr entspannen. Wobei jeder dieser Urlaube mindestens drei Wochen betragen sollte.

Wenn Sie so weit sind, sollten Sie unverzüglich Ihren ersten Aufenthalt im Hotel Ihrer Wahl buchen. Das ist zwar keine unerhebliche Investition, aber sie zahlt sich aus. Vorausgesetzt, Sie folgen meinen Ratschlägen!

Phase eins: Bedienen Sie Eitelkeiten!
Gewinnen Sie das Hotelpersonal für sich, indem Sie sehr großzügig Trinkgelder verteilen! Täglich! Seien Sie charmant und vergessen Sie nicht, auch Komplimente an den Koch weitergeben zu lassen. Betonen Sie, wie sehr Ihnen das Design des Hotels gefällt, und loben Sie vor allem auch die Zimmermädchen regelmäßig.

Nicht weniger wichtig ist es, die anderen Hotelgäste für sich einzunehmen. Selbstverständlich sollten Sie stets geschminkt und gut frisiert sein, natürlich auch am Pool oder am Strand. Aber machen Sie unbedingt auch den anderen Gästen Komplimente, besonders den Frauen, egal wie sie aussehen. Bewundern Sie Badeanzüge, Wickelröcke, Flip-Flops und wenn nötig sogar Frisuren aus ungewaschenem Haar. Heben Sie hervor, dass Sie selbst so etwas leider nicht tragen können und ein wenig neidisch darauf sind, wenn anderen Frauen so etwas steht.

Ganz wichtig ist der nächste Ratschlag: Erzählen Sie den verheirateten Frauen im Hotel, wie unvollkommen Sie sich als Single fühlen und dass Sie sich nichts sehnlicher wünschen, als endlich so ein »perfektes« Leben führen zu können, wie Ihre Zuhörerinnen das tun. Leider aber haben Sie den Richtigen noch nicht gefunden. Dazu setzen Sie idealerweise eine betrübte Miene auf.

Spätestens jetzt sind Sie in aller Munde und bei jedem beliebt, man redet über Sie – und das bekommt irgendwann garantiert auch die Direktion des Hauses mit.

Phase zwei: Besorgen Sie sich zwei Fledermäuse!
In vielen Ländern gibt es keine Fledermäuse in Zoohandlungen, ja, in manchen Ländern gibt es nicht einmal Geschäfte dieser Art. Falls Sie in einem solchen Land ein Hoteldirektorenmännchen einfangen wollen, erschwert dies Ihre Aufgabe erheblich, aber das Problem ist nicht unlösbar. Sie müssen die Fledermäuse selbst einfangen. Das ist nicht sonderlich

schwer, dauert aber ein wenig; aber Sie haben ja schließlich drei Wochen Zeit.

Folgende Methode habe ich speziell für Hotels in tropischen Gefilden entwickelt:

1. Lassen Sie das Housekeeping einige Tage lang nicht in Ihr Zimmer und bestellen Sie jede Mahlzeit beim Roomservice. Lassen Sie die Klimaanlage so oft wie möglich aus, duschen Sie regelmäßig heiß und lüften Sie nie. Nach spätestens drei Tagen ist das Zimmer angefüllt mit den unterschiedlichsten Insektenarten. Wichtig ist, dass besonders viele fette Kakerlaken angezogen werden – die balinesischen sind hervorragende Köder, das nur am Rande für die Liebhaberinnen von Fernreisen.
2. Putzen Sie Ihr Zimmer gründlich, werfen Sie das angesammelte Geschirr weg (zu viele leere Teller und Gläser könnten Verdacht aufkommen lassen), lüften Sie den Raum und stellen Sie die Klimaanlage auf 16 Grad Celsius. Und dann begeben Sie sich für alle, Personal wie Gäste, sichtbar auf einen Ausflug. Aber vergessen Sie nicht, die Fenster weit geöffnet zu lassen!
3. Am Abend essen Sie im Hotelrestaurant, ohne vorher Ihr Zimmer aufgesucht zu haben, und berichten Gästen und Personal von dem herrlichen Ausflug. Und natürlich loben Sie bei dieser Gelegenheit noch einmal ausdrücklich den Service und die Sauberkeit dieses Hotels.
4. Zurück im Zimmer, vergewissern Sie sich zunächst, dass zumindest zwei Fledermäuse anwesend sind. Dann töten und beerdigen Sie alle Insekten (die Toilette bietet sich hierfür hervorragend an) und rufen verzweifelt und hilflos den Concierge an, dem Sie, völlig aufgelöst und den Tränen nahe, von den Fledermäusen berichten.
5. Schließlich verlangen Sie, unverzüglich den Hoteldirektor zu sehen.

Jetzt dauert es in etwa noch eine Stunde, höchstens, bis es kommt, Ihr Hoteldirektorenmännchen. Nützen Sie die Zeit, um Ihr Make-up und Ihre Frisur zu perfektionieren! Ziehen Sie ein tief dekolletiertes Abendkleid an und platzieren Sie unechte Tränen auf Ihrem Gesicht, natürlich ohne dass Ihr Make-up dabei ruiniert wird. Verzichten Sie unbedingt auf echte Tränen, die könnten Sie nämlich entstellen!

Wenn nun das Hoteldirektorenmännchen erscheint, suchen Sie Trost und weinen Sie sich an seiner Schulter aus. Ich verspreche Ihnen: Sie werden statt Ihres Zimmers sofort die Präsidentensuite bekommen und können nun das Männchen als Ihren Helden feiern.

Sein schlechtes Gewissen und seine geschmeichelte Eitelkeit machen die nächsten Schritte zu einem Kinderspiel. Sie müssen das Hoteldirektorenmännchen nur noch als Dank zum Dinner einladen. Nach einer Nacht mit Ihnen werden Sie regelmäßig in sein Hotel geladen. Der Vorteil: Sie brauchen sich während des Aufenthaltes kaum um ihr neues Männchen zu kümmern, denn es muss ja arbeiten.

Manche Leserin mag jetzt einwenden, diese Methode sei doch sehr aufwendig – aber glauben Sie mir, es ist die einzige, die mit Gewissheit funktioniert. Für meine hochwissenschaftlichen Studien habe ich mich geopfert und bin durch die ganze Welt gereist, um alle nur denkbaren Methoden zum Einfangen eines Hoteldirektorenmännchens auszuprobieren. Ich saß stundenlang perfekt positioniert am Poolrand, unternahm in High Heels und Bikini Strandspaziergänge, zerzauste meine Haare, um verwegen auszusehen, absolvierte Yogaübungen am Pool und mimte die Ertrinkende – alles ohne Erfolg. Nur die Fledermausmethode, die führte jedes Mal zum Erfolg!

Wie fange ich ein Promimännchen?

Sehr begehrt sind Promimännchen, ganz besonders Schauspieler. Allerdings lassen sie sich erheblich schwerer einfangen als ein gemeines Männchen. Kein Wunder, haben Promimännchen doch einiges zu bieten.

Doch die Anstrengungen, ein solches Männchen zu erwerben, zahlen sich aus. Wenn Sie ein solches Exemplar besitzen, bekommen Sie zum Beispiel regelmäßig neue Kleider, die Sie auf dem roten Teppich vorführen können – dazu natürlich auch die erforderlichen Accessoires. Manchmal fällt sogar eine kleine Filmrolle für die Halterin eines Promimännchens ab, und Sie werden zum Promiweibchen, ohne dafür arbeiten zu müssen.

Als Promiweibchen ist es nun auch sehr einfach für Sie, an die besten Exemplare von gemeinen Männchen heranzukommen; denn wer einmal mit einem Promimännchen zusammen war, ist heiß begehrt, besonders bei wohlhabenden Männchen.

Aber wie fängt man ein Promimännchen? Es ist ja nicht so, dass die einem einfach so auf der Straße begegnen. Hier ist also wieder einmal Einfallsreichtum gefragt. Vergessen Sie bitte die naheliegende Idee, einschlägige Restaurants oder Diskotheken aufzusuchen. Das ist unnötig teuer, und die Konkurrenz ist nicht nur groß, sondern meistens auch deutlich jünger.

Auch für solche Herausforderungen wurde Facebook erfunden. Sehr viele Schauspieler, Musiker, Politiker, Journalisten, ja sogar Adlige sind hier ganz privat anzutreffen. Befreunden Sie sich mit ihnen (schreiben Sie so viele wie nur möglich an, denn nicht jedes Promimännchen ist vertrottelt, sodass Sie natürlich auch mit einigen Flops rechnen müssen) und verhalten Sie sich so, wie ich das im Kapitel über das Einfangen eines Männchens bei Facebook im Allgemeinen erklärt habe.

Im Stadium des Skypens werden Sie bitte schnell freizügiger als bei einem gemeinen Männchen, ja, lassen Sie es ruhig zum Äußersten kommen; aber vergessen Sie auf gar keinen Fall, diese Szenen mitzuschneiden, Sie werden sie noch gut gebrauchen können.

Eine Alternative zum Skypen besteht darin, das Promimännchen zu einer Homeparty einzuladen. Bieten Sie ihm Buletten, Bier und harten Alkohol an, aber sorgen Sie vor allem auch dafür, dass die richtigen Frauchen anwesend sind. Dazu recherchieren Sie zunächst einmal sorgfältig, bei welchem Frauchen Ihr Beuteobjekt regelmäßig die ausführlichsten Kommentare auf der Pinnwand hinterlässt und somit ein eindeutiges Interesse vorhanden zu sein scheint. Freunden Sie sich mit diesem Frauchen an, es wird bestimmt Ihrer Einladung folgen. Damit haben Sie dann auch das Männchen geködert.

Um Ihre Chancen zu vervielfachen, sollten Sie am besten mehrere Köder auswerfen. Sie können davon ausgehen, dass bei fünf Frauchen, sofern Sie die richtigen ausgewählt haben, bis zu zehn Promimännchen Ihrer Einladung folgen werden.

Den betreffenden Frauchen sagen Sie vorher, dass alles ganz entspannt zugehen wird und sie deshalb gerne ungeschminkt und in Jeans erscheinen können. Sie jedoch sollten sich perfekt stylen!

Falls Sie keine repräsentative Wohnung haben, dann mieten Sie eine, am besten für etwa eine Woche. Die Kosten sind zwar immens, aber die Investition lohnt sich, denn die Promimännchen sollen ja nicht denken, Sie seien arm, das könnte sie argwöhnisch werden lassen. Vor einem armen Frauchen haben übrigens auch die gemeinen Männchen große Angst, ja, ich würde sagen, bei den meisten handelt es sich schon um eine Phobie.

Wenn die Gäste dann eintreffen, verlangen Sie von allen, dass die Schuhe ausgezogen werden müssen, um den Teppichboden oder das Parkett zu schonen. Sie selbst behalten Ihre High Heels selbstverständlich an und sind somit mit Sicherheit die am besten gestylte Frau des Abends.

Lassen Sie nun unbedingt die Musik laufen, die Ihr Wunschpromimännchen bevorzugt, egal, ob sich die anderen Gäste davon gestört fühlen oder nicht. Ob Ihr Männchen eher auf Hardrock oder Mainstream-Pop steht, können Sie leicht über sein Facebook-Profil herausfinden.

Ganz wichtig ist der folgende Tipp: Bereiten Sie keine Mahlzeit vor, nicht einmal ein kleines Buffet. Denn das Promimännchen ist es von anderen Frauchen gewohnt, dass sie es mit ihren Kochkünsten beeindrucken wollen. Indem Sie hier ausscheren, stellen Sie sofort sicher, dass Sie nicht wie ein Heimchen wirken. Zum Heimchen lassen Sie besser die anderen weiblichen Gäste werden, indem Sie darum bitten, beispielsweise Salate mitzubringen. Entscheidend ist weiterhin, dass Sie eine sehr große Auswahl alkoholischer Getränke bereitstellen, und auch hier wäre zu viel Essen kontraproduktiv: Es hindert die Männchen daran, schnell betrunken zu werden, und macht sie zudem träge. Die Gefahr, dass ein übersättigtes Männchen dann gar einschläft, ist groß.

Die nächsten Schritte ergeben sich fast von selbst. Haben Sie keine Scheu, sich sehr dicht neben Ihr ausgewähltes Promimännchen zu setzen, flüstern Sie viel und zeigen Sie deutlich, wie beeindruckt Sie von Ihrem Männchen sind. So werden Sie die anderen Gäste im Normalfall sehr schnell los.

Leider kommt es hin und wieder vor, dass eines der anderen eingeladenen Frauchen besonders hartnäckig ist und einfach nicht gehen will. Davon dürfen Sie sich keinesfalls beirren lassen – bleiben Sie freundlich und schenken Sie beiden regelmäßig nach.

Wenn Ihre Gäste schließlich angetrunken genug sind, dass man sie eigentlich nicht mehr vor die Tür schicken dürfte, bieten Sie ihnen an, dass sie in Ihrem Bett schlafen dürfen. Sie können davon ausgehen, dass dieses Angebot erfreut angenommen wird. (Ein Nachtrag: Achten Sie beim Anmieten der Wohnung auf das richtige Ambiente des Schlafzimmers, ein Wasserbett sollte mindestens vorhanden sein.)

Nach zehn Minuten legen Sie sich dann einfach zu den beiden. Nun ist es normalerweise nur noch eine Frage von Minuten, bis das hartnäckige Frauchen verschwindet – und Sie haben ihr Promimännchen in der Tasche! Falls Sie versehentlich ein Frauchen eingeladen haben, das ebenfalls auf Promifang ist, wird es zu allem bereit sein. In diesem Fall haben Sie einfach Pech gehabt. Aber das sollte Sie nicht entmutigen, es gibt noch genügend andere Promimännchen bei Facebook. Fangen Sie einfach am nächsten Tag wieder von vorne an.

Das Einfangen eines Männchens beim Kölner Karneval

Die Grundlage für das Einfangen eines Männchens ist und bleibt die gute Planung. Bevor Sie sich entschließen, ein Männchen zu fangen, sollten Sie sich erst einmal Gedanken darüber machen, in welcher Stadt Sie künftig leben wollen. Angenommen, Sie wohnen in Hamm, wollen aber nach Köln – was dann? Ein Umzug ist teuer, außerdem erweist es sich als immer schwieriger, eine angemessen bezahlte Arbeit zu finden.

Grundsätzlich rate ich Frauen ohnehin davon ab, überhaupt zu arbeiten, denn durch Stress entstehen Falten, und die Kosten für Botox und andere Mittel sind bald nicht mehr zu tragen. Zudem verringert sich die Freizeit, die sehr wichtig ist für ausgiebige Gesichtsbehandlungen, Maniküre, Anti-Cellulite-Behandlungen und vieles andere mehr.

Aber es geht ja um den anstehenden Umzug – fahren Sie nach Köln, und zwar an den »Tollen Tagen«. Ja, überwinden

Sie sich! Ein paar Tage Karneval zu ertragen ist mit Gewissheit leichter, als einen Umzug zu finanzieren; und wenn Sie es richtig anstellen, reicht vielleicht auch nur ein einziger Tag.

Als Erstes laden Sie auf Ihr Handy ein Logo vom 1. FC Köln. Informieren Sie sich gut über den aktuellen Tabellenstand des Vereins in der der Bundesliga und lernen Sie die Namen der Spieler auswendig, zumindest die der wichtigsten.

Im zweiten Schritt kostümieren Sie sich als eine sexy Schiedsrichterin – Schwarz steht im Allgemeinen jedem Frauchen. Das Kostüm sollte hauteng sein, tief dekolletiert – und halterlose Strümpfe sollten unbedingt sichtbar getragen werden. High Heels sind ein Muss.

Derart ausstaffiert, stellen Sie sich gut sichtbar zwischen eine Gruppe von Männchen. Halten Sie Ihr Handy so, dass jeder das Logo sehen kann und erfährt, dass Sie FC-Fan sind. Vielleicht sollten Sie zur Sicherheit noch einen Sticker mit dem Vereinslogo auf Ihr Handy kleben.

Ohne Zweifel wird es nun nicht mehr lange dauern, bis ein FC-Köln-Männchen Sie anspricht. Erklären Sie ihm, Sie seien von ihrer Freundin versetzt worden und fühlten sich nun ganz hilflos, da Sie nur den Weg vom Bahnhof zum Stadion kennen. Ja, erzählen Sie dem Männchen, dass Sie als Frauchen keine Orientierung haben und den Weg zum Haus ihrer Freundin auf gar keinen Fall finden werden. Außerdem käme ein Hotel nicht in Frage, da diese während des Karnevals komplett ausgebucht sind.

Mit Gewissheit wird sich das Männchen Ihrer annehmen und Ihnen auch einen Schlafplatz anbieten. Jetzt kommt es darauf an, Nägel mit Köpfen zu machen: Sie müssen den Paarungsakt vollziehen, egal wie, denn das Männchen muss von Ihnen begeistert sein. Verzichten Sie notfalls auf Ihren eigenen Spaß!

Am Morgen darauf dürfen Sie auf gar keinen Fall verschwinden, ohne dem Männchen versichert zu haben, wie großartig es ist und dass Sie völlig verliebt sind, obwohl Sie das eigentlich nie wieder sein wollten. Ich garantiere Ihnen: Schon eine Woche später sitzen Sie mit dem Männchen im Kölner Stadion, trinken Bier und grölen laut mit ihm und seinen Freunden mit. Vergessen Sie aber um Himmels Willen nicht, »Viva Colonia« von den Höhnern auswendig zu lernen, das ist so etwas wie die Hymne des 1. FC Köln. Wenn Sie diese nicht beherrschen, fliegen Sie sofort auf.

Der abendliche Paarungsakt sollte auch diesmal nur seinen Vorstellungen entsprechen. Halten Sie sich vor Augen, welchen Vorteil Sie erzielen, wenn Sie einen Orgasmus vortäuschen, während das Männchen versucht, Sie mit Berührungen an den unmöglichsten Stellen glücklich zu machen. Dann fällt es Ihnen sicher auch nicht ganz so schwer, das Männchen für seine Paarungsqualitäten zu loben.

Nach zwei bis drei solcher Wochenenden glaubt das Männchen, Sie seien eine absolute Traumfrau: Unkompliziert, »gut« zu paaren und vor allem ein »echter Kerl«, wenn es um Fußball geht. Das Männchen wird Sie schon bald bitten, bei ihm zu leben – und selbstverständlich finanziert es nur zu gerne Ihren Umzug.

Im vorletzten Schritt mieten Sie sich dann eine Wohnung in Köln und ziehen zum Schein tatsächlich bei Ihrem Männchen ein. Sagen Sie ihm, Ihre Möbel würden erst in der nächsten Woche kommen (obwohl diese inzwischen in Ihre neue Wohnung geliefert werden), die Umzugsfirma habe ein kleines Kapazitätsproblem. Nach zwei, drei Tagen inszenieren Sie dann einen Streit, verlassen das Männchen und ziehen in Ihre eigene Wohnung, die Sie ja in der Zwischenzeit bereits heimlich eingerichtet haben.

Sehen Sie, so einfach ist es, kostenlos nach Köln zu ziehen, dafür kann man doch den Karneval wirklich mal ein paar Stunden ertragen, oder?

Das Einfangen eines Männchens am Flughafen

Leider vernachlässigen viele angehende Besitzerinnen eines Männchens im Urlaub oder auch bei privaten oder geschäftlichen Flügen ihre Reisegarderobe. Das ist in jeder Hinsicht kontraproduktiv. Deshalb beherzigen Sie die Regel Nummer eins für jegliche Form von Reisen: Bequeme Sachen haben an unverheirateten Frauen nichts zu suchen.

Das Outfit für eine Flugreise sollte folgendermaßen aussehen: Stilettos mit Metallabsätzen, Röhrenjeans mit Metallgürtel, ein T-Shirt, das genau mit der Hose abschließt, große Ohrringe; und die Haare sollten mit einer großen, auffälligen Spange aus Metall zusammengehalten werden.

Die Vorbereitung beginnt strenggenommen bereits drei Wochen vor dem Trip mit einem intensiven Bauchmuskeltraining. Am Tag des Abfluges muss dann noch der beste Friseur der Stadt konsultiert werden – achten Sie also darauf, dass Sie keinen zu frühen Flieger buchen.

Wichtig ist weiterhin, dass Sie rechtzeitig am Flughafen sind, um das zu fangende Männchen ausspähen zu können; denn spätestens am Gepäck-Drop-in sollten Sie wissen, welches Männchen Sie zu besitzen wünschen. Stellen Sie sich unmittelbar hinter das ausgewählte Exemplar und telefonieren Sie gut hörbar mit Ihrer Freundin. Erzählen Sie von angeblichen Anfragen für Model-Jobs, betonen Sie Ihren derzeit unglaublichen beruflichen Erfolg und bekunden Sie Ihre Freude darüber, kinderlos und unabhängig zu sein.

Nachdem das Männchen abgefertigt wurde und Sie nun an der Reihe sind, fragen Sie die Dame am Schalter, ob Sie nicht neben diesem Männchen sitzen könnten. Wir Schwestern sollten zusammenhalten – und spätestens nach Erscheinen meines Buches wird jede Dame an einem Flughafenschalter bereit sein, Ihnen behilflich zu sein.

Beim Security Check sollten Sie dann unmittelbar vor Ihrem ausgewählten Männchen an der Reihe sein. Wenn Sie durch die Sicherheitsschleuse gehen, wird zwangsläufig das Alarmsignal schrillen, und Sie werden aufgefordert, Ihren Gürtel abzulegen, was Sie ganz aus Versehen vergessen hatten.. Während Sie dieser Aufforderung brav nachkommen, rutscht Ihre Hose einige Zentimeter runter und lässt Ihren wunderbar trainierten Bauch zum Vorschein kommen. Lassen Sie diesen Anblick ruhig ein paar Sekunden auf das Männchen und die Umstehenden wirken, bevor Sie das Kleidungsstück verschämt hochziehen.

Nachdem der Alarm auch beim zweiten Gang durch die Schleuse ertönt ist, müssen Sie nun Ihre Haarspange entfernen. Tun Sie das langsam und schütteln Sie dann ihr duftendes, frisch frisiertes Haar durch die Luft.

Wenn Sie die Schleuse nun ein drittes Mal passieren, wirken Sie weiterhin entspannt und lächeln, denn Sie sind ja nicht verärgert über diese Unannehmlichkeiten. Ihr ausgewähltes Männchen wird das alles aufmerksam beobachten und Sie für eine sehr souveräne Person halten und anfangen, Sie zu bewundern.

Zuletzt werden Sie auch noch Ihre Schuhe ausziehen müssen. Auch dieser Aufforderung kommen Sie klaglos nach und bemerken lächelnd in Richtung des Männchens, Sie würden befürchten, eines Tages noch nackt durch die Schleuse gehen zu müssen.

Wenn es nun immer noch piepst, wegen der Metallabsätze an den High Heels, wird eine Sicherheitsbeamtin Sie scannen und abtasten. Glauben Sie mir, während es diesen Vorgang beobachtet, wird die Fantasie des Männchens auf ihren Höhepunkt klettern. Leider aber wird es Sie immer noch nicht ansprechen, da es unter Schock steht und die Blutzirkulation unterbrochen wurde, weil … na ja, Sie wissen schon, warum.

Jetzt verschwinden Sie aus seiner Sichtweite. Das Männchen wird sich große Vorwürfe machen, Sie nicht angesprochen zu haben, und sich vornehmen, beim nächsten Mal alles besser zu machen.

Achten Sie nun unbedingt noch darauf, das Flugzeug als letzter Passagier zu besteigen. Das Männchen wird sich wundern, dass ausgerechnet der Platz neben ihm noch frei ist. Doch was für ein Zufall, jetzt kommt seine Nachbarin, und es ist ... Ja, das Männchen hält es garantiert für ein Zeichen, für einen Wink des Schicksals, dass ausgerechnet Sie neben ihm Platz nehmen. Und von diesem Augenblick an befindet es sich in Ihrem Besitz.

Was tun, wenn ein Männchen sich nicht widerstandslos einfangen lässt?

In vielen Fällen erweist sich das Einfangen eines Männchens als ein langwieriger Prozess, der in mehreren Schritten erfolgt. Im Gefolge der Emanzipation hat sich, wie schon mehrfach erwähnt, bei vielen Männchen eine Verunsicherung eingestellt, die zu früher nicht bekannten Verzögerungen beim Einfangen führt. Klar, dass ein köderndes Frauchen sich manchmal zu fragen beginnt, ob es vielleicht irgendetwas falsch gemacht hat. Von einigen dieser Probleme möchte ich Ihnen in diesem Kapitel erzählen und Ihnen Ratschläge für das Verhalten in unvorhergesehenen Situationen geben.

Sie haben sich mehrmals mit Ihrem Männchen getroffen? Sie haben sich mit ihm betrunken, und das Männchen hat Ihnen sogar schon mal ganz brav ein Dutzend roter Rosen geschickt? Dennoch erfolgte nach drei Wochen noch immer kein Versuch seinerseits, den Paarungsakt zu vollziehen? Wenn ein Männchen sich derartig widerspenstig zeigt, kann das sehr verschiedenartige Gründe haben – besonders bei schon gereiften und erzogenen Exemplaren:

1. Ihr Männchen ist schüchtern.
2. Es wartet seit Wochen auf seine Viagra-Lieferung (die es natürlich online bestellt hat).
3. Es hat Zahnschmerzen.
4. Es hofft, dass es von seinem Ex-Frauchen zurückgenommen wird.
5. Es hat Angst zu versagen und erneut ausgesetzt zu werden.
6. Es nicht an Ihnen interessiert, weil Sie nicht sein Typ sind. (Ja, ich hörte aus zuverlässigen Quellen, dass so etwas, wenn auch selten, tatsächlich vorgekommen sein soll.)

Grundsätzlich gilt in all diesen Fällen Shakespeares »will you, nill you, I will marry you« aus »Der Widerspenstigen Zähmung«. Es sei denn, Punkt 6 trifft zu. Außer in diesem wirklich sehr seltenen Fall sollten Sie folgende Ratschläge unbedingt befolgen:

1. Bewahren Sie Ruhe und seien Sie auf gar keinen Fall ehrlich zu dem Männchen!
2. Reden Sie niemals offen über Ihre Wünsche und Bedürfnisse!
3. Zeigen Sie Desinteresse! Ein wirksames Mittel ist in jedem Fall, Verabredungen kurzfristig und ohne Begründung abzusagen.
4. Bedanken Sie sich auf gar keinen Fall für die Rosen. Tun Sie so, als glaubten Sie, die Blumen wären von einem anderen Verehrer geschickt worden. Oder geben Sie sich gelangweilt, erwecken Sie den Anschein, als würden Sie ständig mit Rosen überschüttet werden.

Wenn sich das gewünschte Ergebnis nach fünf Wochen (die durchschnittliche Lieferzeit von Viagra bei Bestellungen im

Internet) noch immer nicht eingestellt hat, hat das Männchen vermutlich Angst vor Ihnen, weil Sie trotz aller Vorsichtsmaßnahmen noch immer zu ehrlich zu ihm waren.

Nun müssen Sie zur Geheimwaffe greifen. Erfinden Sie ein Problem und weinen Sie sich an der Schulter Ihres Männchens aus. Sein Beschützerinstinkt ist geweckt, es wird ihre Tränen wegküssen. Das funktioniert immer, ich garantiere es Ihnen.

Falls jedoch wider alle Wahrscheinlichkeit selbst diese Taktik nicht fruchtet, dann ist Ihr Männchen vermutlich schwul und Sie sollten schnellstmöglich die nächste Bar aufsuchen, um dieses Desaster zu vergessen.

Schmuckstücke sind äußerst selten …

II

Die verschiedenen Männchentypen

Wie Frauchen sie erkennt, welche empfehlenswert sind und vor welchen sie die Finger weglassen sollte

Die Zeiten der Balztänze sind vorbei. Das moderne Männchen hat alle natürlichen Instinkte verloren, die jedem Exemplar seiner Gattung einst angeboren waren: den des Jagens, des Bauens, des Beschützens und zuletzt nun auch noch den des Balzens. Das klassische Werbeverhalten des Männchens existiert fast gar nicht mehr.

Früher konnte man in Dorfdiskotheken noch beobachten, wie sich Männchen einem Balzkampf stellten, mit bloßen Fäusten. Oder man durfte miterleben, wie sie in der Drogerie lauthals XXL-Kondome verlangten oder am Sonntag ohne T-Shirt das Auto wuschen. Nichts von alledem existiert heute mehr.

Balztänze

Woran aber soll angesichts dieser dramatischen Veränderungen ein Frauchen erkennen, ob das Männchen eigentlich am Vollzug eines Paarungsakts interessiert ist?

Grundsätzlich gilt auch heute noch: Das Männchen ist jederzeit an einem Paarungsakt interessiert, allerdings benötigt es sehr viel stärkere Reize als früher, damit sein – leider reduziertes – Balzverhalten auf den Plan gerufen wird; denn auch die Wahrnehmungsfähigkeit eines Männchens ist mittlerweile stark verkümmert. Eine Frau in Jeans, Chucks, mit Zopf und ohne Make-up wird von ihm spontan als geschlechtslos eingestuft, im schlimmsten Fall sogar als Konkurrenz empfunden, wenn auch nur beruflich.

Blondiert, silikoniert, botoxiert, maskiert und highheelisiert steigen die Chancen eines Frauchens, eindeutige Reaktionen zu provozieren, erheblich. Zwar wird das Männchen noch immer nicht richtig balzen, wie unsere Vorfahrinnen das kannten, aber es beginnt immerhin zu stottern, zu schwitzen und zu sabbern.

Nun gilt es Stärke zu zeigen, denn schön ist ein solcher Anblick ja wahrlich nicht. Also: Stottern Sie mit, aber vermeiden Sie es, zu sabbern. Das Schwitzen wiederum können vor allem Frauen in den Wechseljahren gut für ihre Zwecke nutzen, aber das ist ein anderes Thema. Erlaubt ist, was seinen Zweck erreicht. Mit anderen Worten: Begeben Sie sich so weit wie möglich auf die Ebene des Männchens, sonst kommen Sie nie ans Ziel!

Leider gibt es noch immer Frauchen, die meinen, sie dürften bleiben, wie sie sind, und würden dennoch die gewünschten Ergebnisse erzielen. Doch das ist ein Trugschluss, damit erreichen sie zumeist genau das Gegenteil.

Sehr gefährlich ist es zum Beispiel, in ganzen Sätzen zu reden oder das Männchen vom Trinken abzuhalten. Auch ist es nicht klug, es auf sein Schlauchen von Zigaretten aufmerksam zu machen oder einzufordern, dass es beim ersten Rendezvous die Rechnung übernimmt. Wenn Sie von Ihrem Männchen erwarten, dass es Sie charmant und zuvorkommend behandelt, handeln Sie so gegen Ihre eigenen Interessen, denn Sie verunsichern es damit erheblich. Und vergessen Sie nie: Ein verunsichertes Männchen wird den Paarungsakt kaum zu Ihrer vollen Zufriedenheit vollziehen können.

Wir wissen, dass die Spezies des gemeinen Männchens sehr scheu geworden ist, nicht zuletzt durch die Emanzipation, auf deren negative Folgen ich leider immer wieder hinweisen muss. (Diese beschreibe ich im Übrigen ausführlich in meinem Bühnenprogramm.) Auch deshalb ist es äußerst selten geworden, einen Balztanz in freier Natur beobachten zu können, aber es gibt tatsächlich vereinzelt noch solche Schauspiele – allerdings sehr viel häufiger in ländlichen Regionen als etwa in großen Städten!

Im Normalfall balzt das moderne Männchen heutzutage jedoch erst nach einem fehlerfrei vollzogenen Paarungsakt. Nun fühlt es sich sicher und beginnt, mit seiner Leistung zu prahlen. Völlig fehlgeleitete Männchen balzen sogar untereinander am Stammtisch um die Wette und berichten dort wortreich von ihren außergewöhnlichen Paarungsqualitäten. Es ist ja gemeinhin bekannt, dass das Männchen im Allgemeinen mehr Kalorien beim Prahlen als beim tatsächlichen Akt verbrennt. Möglicherweise werden die Männchen inzwischen immer dicker, weil Sie nichts mehr zum Prahlen vorweisen können. Dieses Thema wurde von mir aber bisher noch nicht erforscht.

Aber warum berichte ich an dieser Stelle über die Balztänze? Dieses Verhalten ist das Schönste an einem Männchen, und weil es in der heutigen Zeit kaum noch möglich ist, einen echten Balztanz zu verfolgen, lohnt es sich umso mehr, einen Paarungsakt zu vollziehen. Denn der »Balztanz danach« ist ungemein amüsant!

Das Scheinmännchen

Es gibt die unterschiedlichsten Gründe für ein Frauchen, sich ein Männchen zuzulegen. Sie variieren sehr stark vor dem Hintergrund der aktuellen Lebenssituation der künftigen Halterin und auch ihrem Alter. Ein Frauchen etwa, dessen

Kinder schon aus dem Haus sind und das kein zweites Mal mit der Aufzucht des Nachwuchses konfrontiert werden will, hat ganz andere Wünsche und Vorstellungen als eine Artgenossin, die entsprechende Erfahrungen noch nicht gemacht hat, aber unbedingt machen will. Und so gilt es, vor dem Einfangen oder sonstigem Erwerb eines Männchens sehr genau zu bedenken, welchen Zwecken dieses dienen soll. Hierzu möchte ich Ihnen nun im Folgenden wertvolle Hinweise und Ratschläge geben.

Sie wünschen sich:
- Theaterbesuche mit einem kultivierten Mann;
- Wochenendausflüge in die Metropolen Europas;
- regelmäßige und vor allem kostspielige Geschenke und immer frische Blumen im Haus?

Umgekehrt verzichten Sie gerne darauf:
- die Socken eines Männchens anzufassen und zu waschen;
- morgens beschimpft zu werden, weil das Frühstücksei nicht seinen Wünschen entspricht;
- ständig zu hören, Sie würden zu viel Geld ausgeben?

Wenn diese Beschreibungen auf Sie zutreffen, empfehle ich Ihnen unbedingt den Erwerb eines Leihmännchens – natürlich eines wohlhabenden!

Ein Leihmännchen ist sehr leicht zu handhaben. Es sucht nicht die Mutter und Hausfrau in Ihnen, sondern nur die Geliebte. Dem Leihmännchen geht es einzig um den Paarungsakt, es hegt keinerlei Ambitionen auf einen Nestbau. Wenn Sie ihm das Gefühl vermitteln, ebenfalls nicht an einem Nestbau interessiert zu sein, ist es im Gegenzug ohne Nachdenken bereit, seinen ganzen Charme spielen zu lassen und allen Ihren Wünschen entgegenzukommen. Zudem zeigt es sich garantiert auch finanziell großzügig – jedenfalls so lange, wie es an Ihnen interessiert ist. Nicht zuletzt aus diesem Grund empfehle ich Ihnen konsequente Unbescheidenheit, da das Leihmännchen schon nach etwa einem Jahr das Interesse an Ihnen verlieren wird, um sich eine andere, in der Regel jüngere Geliebte zu suchen.

Die Liaison mit einem Leihmännchen hat unschätzbare Vorteile für Sie: Während sich eine Ehefrau mit Kindern, Haushalt und – in besonders schrecklichen Fällen – sogar mit der Ausübung einer beruflichen Tätigkeit herumzuplagen hat, müssen Sie für Ihr Leihmännchen nur schön und unterhaltsam sein und können alle Vorzüge genießen, die es Ihnen zu bieten vermag.

Aber vergessen Sie nie: Die Voraussetzung dafür, dass Sie mit Ihrem Leihmännchen glücklich und zufrieden sind, ist sehr stark abhängig von dessen finanzieller Situation. Leider begehen selbst heute noch viele Frauchen den gravierenden Fehler, sich voreilig, also ohne vorherige Prüfung seiner Vermögensverhältnisse, auf ein Leihmännchen einzulassen.

Im Gegenzug hierzu noch ein wichtiger Rat für alle Frauchen, die ihr mühsam ergattertes Ehemännchen nicht verleihen wollen: SIE SOLLTEN FÜR IHR EHEMÄNNCHEN IMMER SO KOSTSPIELIG SEIN, DASS ES SICH EINE GELIEBTE GAR NICHT LEISTEN KANN!!!!

Das Urlaubsmännchen

Sie verreisen gern und wollen echten Urlaubsspaß haben? Sie halten sich zwar gerade ein Leihmännchen, aber das will oder kann nicht mit Ihnen verreisen, zum Beispiel weil es sich eigentlich im Besitz eines anderen Frauchens befindet? Das ist eine missliche Situation, aber Sie sollten dennoch nicht auf regelmäßige wohlverdiente Urlaube verzichten. Und dabei die Gelegenheit nutzen, sich für die Zeit Ihres Aufenthalts in einem anderen

Land ein Urlaubsmännchen zuzulegen. Übrigens ist dies auch für Halterinnen eines Ehemännchens durchaus empfehlenswert, wenn das Männchen, zum Beispiel aus beruflichen Gründe, nicht die Zeit für eine längere Reise abzweigen kann oder Sie schlichtweg Ihre Ruhe vor ihm haben wollen.

Ein Urlaubsmännchen, sofern Sie es richtig ausgewählt haben, ist gut für Körper und Seele eines jeden Frauchens. Es widerspricht Ihnen nicht, führt Sie gern in tolle Restaurants, verfügt über ausgezeichnete tänzerische Fähigkeiten und vollzieht jederzeit den Paarungsakt ganz nach ihren Wünschen und zu Ihrer vollsten Zufriedenheit. Vor allem aber mäkelt es nicht an Ihnen herum.

Die unvergleichlich gut trainierten Körper, die lässige Art und die Hartnäckigkeit während eines Balztanzes, wie sie noch unsere Vorfahrinnen beobachten konnten, sind in unseren Gefilden kaum noch anzutreffen. In anderen Regionen der Welt haben sich die natürlichen Verhaltensweisen eines Männchens zu unserer aller Freude noch gehalten. Und so vermag ein Urlaubsmännchen Ihnen sehr leicht das Gefühl vermitteln, dass Sie noch jung, attraktiv und begehrenswert sind.

Großer Beliebtheit erfreuen sich beispielsweise die jamaikanischen Männchen. Doch Vorsicht! Ein Urlaubsmännchen ist kein Souvenir! Vergessen Sie nie: Die Sonne in der Karibik lässt uns oft nicht mehr klar denken und erweist sich somit als noch erheblich gefährlicher als die rosarote Brille!

Ja, der jamaikanische Strand hat in der Tat hübsche Aussichten zu bieten: Junge, braungebrannte Körper, entspannende Musik, brauner Rum und benebelnde Gerüche bringen viele Urlauberinnen um den Verstand und verleiten sie zu unüberlegten Handlungen. Aber auch ein Urlaubsmännchen ist, genau wie das gemeine Männchen, nur temporär in der Lage, sein Frauchen glücklich zu machen. Deshalb meine eindringliche Warnung: Nehmen Sie das Männchen auf gar keinen Fall mit nach Hause! Ein Urlaubsmännchen gedeiht in unseren

Gefilden nicht gut, und noch dazu werden Sie schon nach kurzer Zeit bemerken, wie viel Arbeit Sie sich durch diese Anschaffung aufgehalst haben. Auch ein Urlaubsmännchen muss nämlich erzogen werden, und das kann sich als noch aufwändiger und anstrengender erweisen als die Erziehung eines einheimischen gemeinen Männchens.

Leider kommt es immer wieder vor, dass ein solches Männchen geheiratet wird, zum Beispiel, um den Einfuhr-Zoll und nervenaufreibende Behördengänge zu sparen. Aber bedenken Sie: Ein Urlaubsmännchen ist im Regelfall arm, es kämen horrende Kosten auf Sie zu! Und wenn Sie dann schließlich merken, dass Ihr Urlaubsmännchen nicht erziehbar ist, stehen Sie vor großen Schwierigkeiten. Oft werden diese Männchen ausgesetzt, teilweise sogar in ihr Ursprungsland zurückgesandt. Wenn Sie Pech haben, bleiben Sie auf den Kosten hierfür sitzen.

Statt eines Männchens sollten Sie sich deshalb auch aus der Karibik lieber Kleider und Schmuck mitbringen. Damit haben Sie auf Dauer mehr Freude – glauben Sie mir!

Das Ei-Männchen

Wie wir inzwischen wissen, existiert der klassische Balztanz nicht mehr, und das moderne Männchen ist viel zu scheu, um ein klassisches Werbeverhalten an den Tag zu legen. Jedoch können wir eine neue Form des Balzens beobachten. Statussymbole spielten schon immer eine große Rolle in der Männchenwelt, nur wurden sie über die Jahrtausende hinweg immer subtiler. Noch im letzten Jahrzehnt waren es protzige Autos (Symbol für schnelle und somit gesunde Spermien), glitzernde Uhren (Symbol für Überfluss, gleichbedeutend mit abgesicherter Versorgung des Nachwuchses) und zuletzt dann Flachbildschirme in Übergröße (Phallussymbol).

Ja, das Männchen entwickelt sich tatsächlich weiter, in welche Richtung, ist allerdings unklar. Technisch, so scheint es, geht es aufwärts. Die bislang letzte Entwicklungsstufe, das Ei-Männchen, sitzt mit seinem Ei-Phone in Cafés und balzt scheinbar, indem es andächtig über die glänzende, zu touchende Oberfläche streichelt.

Das Ei-Phone scheint der Höhepunkt aller Phallussymbole der Männchenheit zu sein. Aber lassen Sie sich nicht täuschen! Glauben Sie nicht, dass ein Ei-Männchen Ihre Oberfläche genauso liebevoll touchen würde! In Wahrheit betoucht das Ei-Männchen nämlich sich selbst. Es identifiziert sich mit seinem neuen Phallussymbol, denn das Ei-Phone funktioniert immer, auch ohne Viagra.

Also auch hier gilt, meine Damen: Finger weg, das Ei-Männchen betreibt in aller Öffentlichkeit nichts anderes als moderne Onanie, weil sein eigenes Gerät nicht mehr funktioniert.

*

Wenn Balztänze in der freien Natur nur noch in Ausnahmefällen beobachtet werden können, sieht das im Netz beziehungsweise in der virtuellen Welt noch ganz anders aus: Die perfekte Männchen scheinen sich vorwiegend in Online-Single-Börsen aufzuhalten, und auch bei Facebook kann man sie anscheinend in Herden antreffen. Hier findet man tatsächlich noch Männchen, die eine eigene Meinung haben, die klug und witzig wirken, Zitate großer Philosophen posten oder von ihren regelmäßigen Besuchen im Fitnessstudio erzählen.

Häufig trifft man hier zudem noch auf Männchen, die bereitwillig darüber Auskunft geben, wie gut sie »gebaut sind«; oder die sich sehr sozial anbieten, ein Frauchen zu beglücken, weil dieses es anscheinend dringend nötig hätte – Balzrituale, die früher alltäglich waren, aber zumindest in unseren Breiten aus dem wirklichen Leben nahezu vollständig verschwunden sind. Einige dieser Facebook-Prachtexemplare geben gar offen zu, sie wollten sich endlich wieder »binden«. Sie sehen: In sozialen Netzwerken entsteht eine ganz neue Balzqualität oder lebt eine verloren gegangene wieder auf.

Viele Frauchen springen darauf an, lassen sich auf Chats ein und treffen sich sogar mit solchen Männchen. Aber ACHTUNG! Sie fallen einem großen Irrtum zum Opfer. Denn es handelt sich bei diesen vermeintlichen Prachtexemplaren fast immer um Scheinmännchen!

Ein reales Treffen mit ihnen ist reine Zeitverschwendung, denn die in den Profilen beschriebenen Männchen kommen nicht selbst zum Date, sondern schicken ein anderes Exemplar ihrer Spezies vor. Im Zuge meiner wissenschaftlichen Studien habe ich mich mehrmals selbst für derartige Experimente zur Verfügung gestellt und musste dabei regelmäßig erkennen, dass die Männchen, die zum Date erschienen, meist kleiner und dicker als ihre virtuellen »Doppelgänger« waren und sich zudem als wortkarg und ungeschickt erwiesen. Auch den angeblichen beruflichen Erfolg und die damit verbundene Wohlhabenheit dieser Scheinmännchen mochte ich ihnen nach meinen Beobachtungen nicht mehr glauben.

Vereinzelten Berichten zufolge soll es mittlerweile angeblich auch Scheinfrauchen geben. Aber die hierfür angebrachten Beweise konnten mich nicht überzeugen. Denn eines, meine Lieben, ist ja klar: DIE VERWENDUNG VON PHOTOSHOP IST KEIN BETRUG!

Das ausgesetzte Männchen

Das ausgesetzte Männchen ist leicht zu erkennen. Es ist meistens Mitte vierzig oder älter, neigt oft zu Übergewicht und schütterem Haar und kann in vielen Fällen bereits Nachwuchs vorweisen.

Ein ausgesetztes Männchen erkennen Sie an folgenden Verhaltensweisen und Eigenschaften: Es kann sehr charmant sein, flirtet gern und weiß sehr geschickt durch Schmeicheleien den Eindruck zu erwecken, einem Frauchen verfallen zu sein; natürlich sind das keine naturgegebenen Qualitäten, sondern das alles wurde ihm von seiner ersten Besitzerin beigebracht – aber das ist in diesem Zusammenhang nebensächlich.

Weiterhin hat ein solches Männchen große Schwierigkeiten mit den eingetretenen Veränderungen und versucht daher fast täglich, einen One-Night-Stand zu erhaschen; denn es schläft nun mal nicht gern alleine ein.

Oft entsteht der Eindruck, ein ausgesetztes Männchen sei für den Hausgebrauch nicht mehr geeignet. Dem ist nicht unbedingt so! Dennoch ist unbestreitbar, dass ein Männchen durch das Fehlverhalten der Erstbesitzerin starke Schäden davongetragen haben kann – als da wären: Vertrauensverlust, der seine weitere Erziehung unmöglich macht; Angst vor Frauchen im Allgemeinen, die dafür sorgt, dass das Männchen sich nicht mehr einfangen lässt; auch kann es schlechte Paarungsqualitäten aufweisen, weil die Vorbesitzerin das Männchen nicht gut und ausdauernd genug trainiert hat. Im schlimmsten Falle neigt ein solches Männchen zur Altersschwulheit, was nun wirklich keine Freude für unsere Homo-Freunde ist.

Geeignet ist ein ausgedientes Männchen ausschließlich für Frauen, die unter einem starken Mangel an Selbstwertgefühl leiden oder mitten in der Menopause stecken und durch einen One-Night-Stand, gleich welcher Qualität, sich selbst unbedingt beweisen wollen, dass sie noch attraktiv sind. Kurz: Das ausgesetzte Männchen ist nichts für Frauen wie uns!

Leider gibt es viele Halterinnen, die meine Ratgeber nie gelesen und deshalb ihr Männchen nicht gut genug gepflegt haben. Dadurch haben sie das Männchen leider auch für den »Secondhand«-Gebrauch verdorben. Auch aus diesem Grund bitte ich Sie nochmal inständig: Verbreiten Sie meinen Ratgeber unter Ihren Freundinnen, damit wir mehr ausgesetzte Männchen bekommen, die noch einen Beitrag für unsere Gesellschaft leisten können. Es gibt ohnehin nur wenige brauchbare Exemplare dieser Spezies, gönnen Sie also Ihren Schwestern die Chance, ein noch funktions-, leistungs- und lernfähiges ausgedientes Männchen zu erwerben! Solidarität ist gefragt!

Das Männchen in der Midlifecrisis

Die Midlifecrisis des Mannes ist mitunter zerstörerischer als eine Interkontinentalrakete. Wenn ein Frauchen Freude mit einem solchen Männchen haben will, sollte es deshalb mit Bedacht gelenkt und erzogen werden. In dieser Lebensphase beginnen nämlich die ersten selbstständigen Denkversuche des Männchens, und seine ohnehin schon gestörte Wahrnehmung des Körpers steuert ihrem Höhepunkt entgegen.

Das Männchen fragt sich plötzlich: »Was habe ich erreicht?« – »Wie sieht meine Zukunft aus?« Oder – sehr häufig: »Warum geht mir das Haupthaar aus?« Um dem ungewohnten Denken zu entgehen, haben die Männchen verschiedene Verdrängungsmechanismen entwickelt. Jeder Typ reagiert anders auf diese Krise.

Typ 1 – Das Weichei. Dieses Männchen neigt zu Bogenschießen, Zen und Thai Chi.

Typ 2 – Der Faule. Er wird mit Sicherheit schnellstmöglich in den Vorruhestand gehen.

Typ 3 – Der Stagnierende. Er sucht krampfhaft nach jüngeren Frauen.

Typ 4 – Der Oberflächliche. Dieses Männchen kauft sich einen Sportwagen.

All diese unterschiedlichen Reaktionsweisen dienen dem Männchen dazu, der Realität des Alters zu entfliehen. Wie aber soll das Frauchen darauf reagieren?

Wenn Sie Typ 1 zu Hause haben, dann haben Sie ein echtes Problem, denn dieses Männchen besinnt sich nun auf die inneren Werte eines JEDEN Menschen und wird nicht mehr verstehen, dass Sie Juwelen und Accessoires von Dior benötigen, um ein Leben Ihren Vorstellungen und Ansprüchen gemäß führen zu können. Sie sollten Ihr Männchen schnellstmöglich verlassen. Durch die Scheidung werden Sie zudem über hinreichende finanzielle Mittel verfügen, um sich die für Sie lebensnotwendigen Dinge selbst anzuschaffen.

Falls ihr Männchen dem Typ 2 zuzuordnen ist, wird es ganz schlimm. Es wird nämlich von nun an den ganzen Tag über zu Hause herumsitzen und bekommt außerdem noch weniger Geld als zuvor – welche Konsequenzen das für Sie hat, muss ich wohl nicht gesondert ausführen. Auch hier ist die sofortige Trennung zu empfehlen!

Wenn Sie ein Männchen vom Typ 3 nicht behalten wollen, haben Sie Glück, denn es wird *Sie* verlassen und sich ein neues, natürlich jüngeres Frauchen suchen. Aber das ist auch besser so, glauben Sie mir!

Sie haben ein Exemplar des Typs 4 zu Hause? Dann kann ich nur sagen: HERZLICHEN GLÜCKWUNSCH! Gehen Sie mit ihm ein neues Gefährt kaufen, suchen Sie mit ihm zusammen das Auto aus, das Ihnen am besten gefällt. Der R8 zum Beispiel ist ganz schnuckelig. Ihr Männchen wird Ihnen dankbar sein und Sie ihm. Denn zunächst wird es damit glücklich und stolz zur Arbeit fahren, aber das hält genau zwei Tage lang an. Danach wird es Sie fragen, ob es nicht die Familienkutsche haben kann. Und warum? Ich sage nur: der Rücken. Das Männchen hat Rückenschmerzen und gelangt schnell zu der Erkenntnis, dass es total albern aussieht, wenn es in den Wagen einsteigt oder herausklettert. Selbst die jungen Dinger in der Firma lachen das Männchen offen aus, wenn sie das beobachten.

Und so kommt Ihr Männchen schnell auf den Boden der Tatsachen zurück. Sie haben nun wieder ein zufriedenes und friedliches Männchen zu Hause UND dazu noch einen Sportwagen! Es lebe der Typ 4!

Das betroffene Männchen

Unter einem betroffenen Männchen verstehen wir Exemplare der Spezies, welche sich ausschließlich mit anderen Männchen paaren. Diese Gattung ist emotional noch intakt, unverklemmt und nicht vom Aussterben bedroht wie das gemeine Männchen – und sie ist in ihrem Balzverhalten unschlagbar.

Wir erkennen das betroffene Männchen an seinem gepflegten Auftreten, guten Umgangsformen und seinem herausragenden modischen Verständnis. Es erfreut sich äußerster Beliebtheit bei den gemeinen Frauchen, wird aber leicht mit dem metrosexuellen Männchen verwechselt (dazu später noch mehr). Exemplare dieser Gattung finden wir häufig unter Modedesignern oder in Boy-Groups. Immer mehr gemeine Frauchen suchen die Gesellschaft der betroffenen Männchen, gehen mit ihnen tanzen, ziehen mit ihnen durch Bars und haben dabei großen Spaß.

In meinen jahrelangen wissenschaftlichen Forschungen kam ich letzten Endes zu dem Ergebnis, dass betroffene Männchen KEIN guter Umgang für das gemeine Frauchen sind. Diese Frauchen werden nämlich dadurch für die Haltung und Erziehung gemeiner Männchen verdorben. Ein solcherart verwöhntes Frauchen erträgt nicht mal mehr zehn Minuten die Monologe des gemeinen Männchens, weigert sich, mit ihm das Fußballstadion zu besuchen, im Steakhaus zu essen oder zu einem AC/DC-Konzert zu gehen. Kurz, das

Frauchen ist nicht mehr kompromissbereit. Außerdem verkehrt es oft ausschließlich in Betroffenen-Bars und begegnet so kaum noch einem gemeinen Männchen.

Zu empfehlen ist der Umgang mit Betroffenen hingegen sehr wohl für das gemeine Männchen. Schon nach einem Jahr kleiden diese sich nämlich besser, lernen kultiviert zu essen, besuchen Theateraufführungen und vermögen in Ausnahmefällen sogar richtige Dialoge zu führen.

Momentan ängstigt sich das gemeine Männchen noch, auf diese Weise zu lernen, jedoch beobachte ich den Trend, dass sich die Männchentypen untereinander immer mehr vermischen. Das könnte künftig jegliche Erziehungsarbeit des Frauchens überflüssig machen.

Im Übrigen gehe ich davon aus, dass auch das gemeine Männchen wieder lernen wird zu jagen. Und mit ein wenig Glück werden die verwöhnten Frauchen irgendwann auch wieder mit gemeinen Männchen verkehren, aber das kann Jahre dauern! Deshalb muss ich, so schwer es mir auch fällt, trotzdem den Rat erteilen: Hände weg von den Betroffenen, meine Damen!

Wie mache ich mein Exemplar zum Ehemännchen?

Sie sind glückliche Besitzerin eines Männchens? Ihr Männchen ist fleißig und verdient angemessen? Ihr Schuhschrank platzt aus allen Nähten, Sie tragen nur noch »La Perla«-Dessous und haben fast das Gefühl, Sie würden zumindest dann und wann in Ihren Kleiderschrank etwas anzuziehen finden? Dann kann ich nur sagen: Glückwunsch! Sie haben es, Ihr Ehemännchen!

Ein Ehemännchen besitzt folgende Vorzüge:

Es ist ständig auf Geschäftsreisen. Es beschäftigt eine Haushälterin und einen Gärtner, um Ihnen das Leben zu erleichtern. Es versorgt Sie mit ausreichend Geld.

Wenn Sie in der Phase der Männchensuche auf ein Exemplar treffen, das Ihnen diese nur zu berechtigten Erwartungen erfüllen zu können scheint, ist es an der Zeit, schnellstens zu heiraten. Ein Männchen MUSS Ihnen im ersten Jahr Ihrer Bekanntschaft einen Antrag machen. Falls das nicht geschieht, sollten Sie schnellstens weiterziehen und Ihre Zeit in die Suche nach einem anderen Exemplar investieren. Ich habe Frauchen beobachtet, die mehr als zehn Jahre darauf warteten, einen Ring zu bekommen. Glauben Sie mir, eine so lange Wartezeit macht Sie nicht attraktiver. Das Männchen sollte geschnappt werden, solange Sie noch jung und knackig sind!

Leider verweigern sich heutzutage immer mehr Männchen der Eheschließung. Es ist schon lange nicht mehr so einfach wie noch vor wenigen Jahrzehnten, ein Männchen subtil in die richtige Richtung zu lenken. So ist zum Beispiel die klassische Methode, schnell auf eine Schwangerschaft hinzuarbeiten, nicht mehr sonderlich erfolgreich, seitdem die Antibabypille legal ist. Ihr Männchen könnte leicht Argwohn schöpfen, wenn es feststellt, dass Sie dieses Medikament nicht nehmen, ohne dafür einen triftigen Grund, zum Beispiel gesundheitlicher Natur, benennen zu können.

Weiterhin war es in früheren Zeiten für die angehende Besitzerin eines Männchens von großem Vorteil, dass Frauen generell nicht arbeiteten und bis zur Eheschließung im Elternhaus verblieben. Damals kontrollierten die Eltern eine noch männchenlose Frau, sodass es nur äußerst selten zum Paarungsakt vor der Ehe kam. Aus diesem Grund war ein Männchen sehr daran interessiert, schnellstens zu heiraten, um sein Frauchen neben sich im Ehebett zu wissen.

Heute funktioniert strenggenommen nur noch eine einzige Methode, die Eheschließung zu beschleunigen: Fragen Sie Ihr

Männchen, ob es Ihnen erklären kann, wie das eigentlich mit den Steuern funktioniert, und lenken Sie es während des Gespräches geschickt auf das Steuersparmodell »Familie«. Glauben Sie mir, es wird nicht lange dauern, und Ihr Männchen kommt »von selbst« auf die Idee, dass es Sie unbedingt heiraten möchte, um künftig weniger Steuern zu zahlen.

Ja, so traurig es ist, das ist leider wirklich das einzige ziehende Argument, um ein Männchen heute noch von der Notwendigkeit einer Eheschließung zu überzeugen. Allerdings befürchte ich, dass unsere Politik auch das bald ändern wird. Falls das geschehen sollte, müssen wir uns wohl darauf einstellen, dass es bald gar keine Ehen mehr geben wird und die Frauchen tatsächlich bis 68 arbeiten. Müssen. In meinen Augen wäre das eine Katastrophe unvorstellbaren Ausmaßes!

Das Muttermännchen

Der Erwerb eines Männchens ist eine Angelegenheit, die jedes Frauchen mit Bedacht und Überlegung vornehmen sollte. Denn es gibt zahlreiches Männchentypen, vor denen ich nur warnen kann. Eines davon ist das Muttermännchen, von dem Sie unbedingt die Finger lassen sollten. Sonst steht Ihnen großer Ärger ins Haus.

Sie erkennen ein Muttermännchen sehr leicht: Es trägt kurzärmlige Hemden, khakifarbene Shorts, eine Bauchtasche, einen frischen Fassonschnitt – extra kurz –, und wenn es ganz schlimm kommt, hat es noch einen Schlapphut auf. Sein Auftreten zeichnet sich durch übermäßige Freundlichkeit, ausgezeichnete Manieren und leichtes Zittern in Anwesenheit gleichaltriger Frauen aus. Vor Frauen, die jünger als es selbst sind, läuft es davon. Es raucht nicht, trinkt nicht und hat keinen größeren Bekanntenkreis, geschweige denn echte Freunde. Im Normalfall ist solch ein Männchen sehr blass, da es selten in die Öffentlichkeit geht.

Das Muttersöhnchen arbeitet meistens auch nicht. Einige Ausnahmen kommen vor, aber diese Exemplare sind dann im Innendienst einer Versicherungsgesellschaft tätig oder in untergeordneten Postionen im Finanzamt.

Das Muttermännchen hat Ihnen also rein gar nichts zu bieten, deshalb kann ich Ihnen von solch einer Anschaffung nur abraten, auch wenn bisweilen der Eindruck aufkommen könnte, es wäre doch sehr umgänglich.

Dieser Typus eines Männchens hat zudem meist keinerlei sexuelle Erfahrungen und besitzt kein Geld, da es seine Einnahmen bei Mama abliefert. Dafür musste es auch noch nie kochen, waschen, saubermachen oder gar selbständig denken – auch das hat ihm alles seine Mutter abgenommen.

Die Kommunikation mit einem Muttermännchen ist fast unmöglich, denn es redet fast ausschließlich in Sprichwörtern. Wenn Sie zum Beispiel in Ihrer Handtasche kramen, wird es bemerken: »Ordnung ist das halbe Leben.« Kommen Sie mit 15 Minuten Verspätung (also ganz ladylike) zu einer Verabredung, werden Sie garantiert mit dem Spruch »Pünktlichkeit ist eine Zier« empfangen. Und sollten Sie – was leider bei dieser Spezies häufiger vorkommt – wieder mal die Restaurantrechnung begleichen müssen und dem Kellner ein üppiges Trinkgeld geben, werden Sie vermutlich den Kommentar vernehmen müssen: »Wer den Pfennig nicht ehrt, ist des Talers nicht wert.«

Sollten Sie jedoch hart im Nehmen sein und sich entscheiden, ein Muttermännchen dennoch mit zu sich nach Hause zu nehmen, warten die nächsten bösen Überraschungen auf Sie. Wenn Sie dem Männchen einen Drink servieren, müssen Sie mit der Frage nach einem Untersetzer rechnen. Und wenn es ganz schlimm kommt, wird das Muttermännchen Sie um etwas Zucker bitten, weil ihm der Wein zu sauer ist. Am Ende wird es Ihnen dann schließlich noch gestehen, dass Sie seine erste sexuelle Erfahrung sein werden.

Spätestens jetzt sollten Sie das Muttermännchen nach Hause zu Mama schicken. Hören Sie auf mich! Denn wenn Sie das nicht tun, werden Sie nun zur Strafe mit ansehen müssen, wie das Männchen sich behutsam entkleidet, die Hosen faltet, die von Mama gestopften Socken zusammenrollt und zuletzt die bunten Unterhosen abstreift.

So manche Frau erlitt durch den Paarungsakt mit einem Muttermännchen ein Trauma und konnte sich danach nie wieder auf überhaupt ein Männchen einlassen. Also nochmals: HÖREN SIE AUF MICH!

Nach zwei Jahren können sie weg!

III

Notwendigkeit und empfohlene Dauer der Ehe

Was Sie vor, während und nach dem ersten Date unbedingt beachten sollten

Die richtige Erziehung eines Männchens ist eine langwierige und aufwendige Arbeit. Aus diesem Grund sollten Sie frühzeitig damit beginnen, am besten schon in der Phase des Köderns. Von besonderer Bedeutung ist hier das erste Date, das nicht nur ein Meilenstein in der Anschaffung eines Männchens, sondern zugleich auch seiner Domestizierung ist. Fehler, die Sie in diesem Stadium begehen, lassen sich später nur sehr schwer korrigieren. Wenn überhaupt! Deshalb bitte ich Sie inständig, die folgenden Ratschläge zu beherzigen:

1. Sie sollten unbedingt zu spät kommen! Das Männchen muss auf Sie warten! Diese Wartezeit wird es mit Sehnsucht nach Ihnen verwechseln, und es glaubt jetzt schon, Sie unbedingt zu brauchen. Falls Sie zu früh eintreffen, begeben Sie sich besser in ein anderes Lokal und lassen sich von einem anderen Männchen zu einem Gläschen Champagner einladen. Denn Sie sollten auf jeden Fall in dem Bewusstsein zu Ihrem Date erscheinen, dass Sie alle haben könnten!
2. Essen Sie sich vorher satt! Denn wenn Sie hungrig zum Date erscheinen und sich eine Portion Eisbein bestellen, könnte dies Ihr Männchen verunsichern. Bescheiden Sie sich mit ei-

nem Salat, das entspricht dem Klischee und stellt sicher, dass Ihr Männchen in Ihnen ein echtes Weibchen sieht.

3. Trinken Sie auf keinen Fall zu viel Alkohol bei diesem ersten Date, das heben Sie sich besser auf, bis sich das Männchen in Ihrem Besitz befindet (dazu später mehr). Sonst könnte es nämlich passieren, dass Sie das Männchen ungefragt küssen oder anders »überfallen«, sodass in ihm dann das Gefühl aufkommt, es könnte die Führungsrolle verloren haben. Auf jeden Fall wird das Selbstbewusstsein des Männchens für diesen Abend stark beeinträchtigt sein. Nach einem solche Fauxpas wird es garantiert nicht zur Paarung kommen, heute nicht und wenn Sie Pech haben niemals!
4. Sollten Sie später das Lokal wechseln und einer ihres abgelegten Männchen ist dort anwesend, dann erfinden Sie bitte dringend einen Vorwand, um dieses Lokal umgehend wieder zu verlassen. Das sollte auf jeden Fall geschehen, noch bevor Ihr Ex dem zu erobernden Männchen Prügel androht!
5. Übernachten Sie auf gar keinen Fall bei Ihrem neuen Männchen, falls Sie entgegen meinem Rat doch zu viel getrunken haben sollten. Es macht keinen guten Eindruck, wenn Sie sich den ganzen Vormittag übergeben. Das ist ausschließlich bei One-Night-Stand zu empfehlen, dann nämlich wird das Männchen garantiert nicht zum Stalker!
6. Falls Sie mehr von Ihrem Männchen wollen, bombardieren sie es bitte am nächsten Tag nicht alle zehn Minuten mit einer SMS. Und bitte: Schreiben Sie ihm keine Liebesgedichte!!! Das wäre absolut tödlich!
7. Vermeiden Sie unter allen Umständen, Liebesballaden oder romantische Statusmeldungen auf ihrer Facebook-Pinnwand zu posten!

Wenn Sie diese Ratschläge befolgen, steht einem zufriedenstellenden Ergebnis nichts mehr im Wege.

Warum Sie das Männchen Ihrer Wahl schnellstens heiraten sollten

Die Heiratsunwilligkeit der Männchen von heute führt mittlerweile zu ernsthaften gesellschaftlichen Problemen. Durch den Überschuss an Frauchen sind diese oft gezwungen, sich ein Männchen zu teilen, um sich und ihren Nachwuchs finanziell abzusichern, doch leider ist in unserer Gesellschaft die Vielweiberei verboten.

Also kann ich Ihnen nur raten: Heiraten Sie, wenn sich die Möglichkeit dazu bietet! Schnell! Am besten, wie schon erwähnt, innerhalb des ersten Jahres. Und ziehen Sie erst nach der Hochzeit mit Ihrem Männchen zusammen! Heiraten Sie vor allem ein vermögendes Männchen! Denn nur von einem solchen können Sie sich ohne Probleme, vor allem aber mit finanziellen Vorteilen wieder scheiden lassen.

Im ersten Jahr ihrer Bekanntschaft wird das Männchen alles für Sie tun, da es Sie idealisiert. Wenn Sie noch nicht zusammen wohnen, begegnen Sie sich nur, wenn Sie Lust aufeinander haben. Besonders Sie sind dann natürlich immer perfekt gestylt, gut gelaunt und unterhaltsam. Das Männchen wiederum wird Ihnen schmeicheln, weil es so selten die Gelegenheit hat, den Paarungsakt mit Ihnen zu vollziehen.

Wenn Sie dagegen schon ohne Trauschein zusammenziehen, ist das äußerst gefährlich. Das Männchen wird schnell desillusioniert, wenn es Sie schwitzend beim Fensterputzen sehen muss. Oder popelnd auf dem Sofa; Haare und Fliesen färbend im Bad; von Magen- und Darmgrippe geplagt kotzend auf der Toilette. Bis dahin nämlich glaubt ein Männchen wirklich, dass Sie in jeder Lebenslage so perfekt aussehen wie auf dem letzten Ball. Nur während DIESER Phase ist es möglich, das Männchen zu einer Ehe zu motivieren, denn NOCH sind Sie seine Traumfrau!

Warum sollte das Männchen vermögend sein? Die Gründe dafür liegen auf der Hand! Schon unmittelbar nach der Eheschließung wird das Männchen von dem Gefühl (ja, Männchen haben tatsächlich Gefühle!) beschlichen, dass Sie ihm vielleicht doch nicht alles bieten können, was es sich wünscht. Entweder sind Sie nicht genug Mutter, nicht genug Hausfrau oder nicht genug Hure. Irgendetwas wird ihm bestimmt fehlen. Gleichzeitig ist die Welt für das Männchen plötzlich wieder voller Traumfrauen, es begegnet ihnen überall – im Büro, im Flugzeug, beim Geschäftsessen. Es wimmelt nur so von ihnen. Und, erinnern Sie sich, vor der Ehe waren Sie auch mal eine von ihnen! Und jetzt kommt das Unvermeidliche: Das Männchen wird fremdgehen.

Unverheiratete Frauchen oder solche, die unbedacht ein armes Männchen geheiratet haben, müssen nun schweigend über die Geliebte hinwegsehen und diese Schmach ertragen, weil sie sonst mit einem schlecht bezahlten Job und den Kindern alleine dasitzen. Von einer Traumfrau bleibt jedenfalls keine Spur mehr zurück.

Am schlimmsten trifft dieses Schicksal allerdings die sogenannte Karrierefrau: Sie zahlt am Ende sogar noch den Unterhalt für ihr Ex-Männchen und dessen Neue. Die Frauchen jedoch, die ein vermögendes Männchen einfangen konnten, können sich getrost scheiden lassen und bekommen sogar noch Geld dafür. Das ist die beste Voraussetzung dafür, auf ewig eine Traumfrau zu bleiben – so oder so!

Auch das Karrierefrauchen braucht ein Männchen

Viele Frauen denken, sie würden kein Männchen benötigen, wenn sie Karriere machen; und manch eine schlägt sogar den Karriereweg ein, um sich der Belastung durch ein Männchen nicht aussetzen zu müssen. Leider jedoch ist das ein Trugschluss, die Realität sieht anders aus.

Strebt ein Frauchen beispielsweise eine Karriere als Architektin an, dann braucht sie gute Kontakte zu Politikern, die ihr die Aufträge zuschieben. Hier gibt es nun die Möglichkeit, sich bis zum Baudezernenten hochzuschlafen (was heutzutage jedoch auch keine Erfolgsgarantie mehr ist); oder sie ist gezwungen, horrende Provisionen an ihn zu zahlen, was sie sich meistens nicht leisten kann. Besonders nervig ist die Teilnahme an unzähligen Ausschreibungen, bei denen dann ohnehin zumeist ein männlicher Konkurrent den Zuschlag bekommt.

Eine Autorin wiederum braucht gute Werbung, wenn ihre Bücher gekauft werden sollen. Sie hat nun die Möglichkeit, alle Fernsehsender und Zeitungen anzuschreiben, um zu hören, dass sich niemand für ihr Gekritzel interessieren würde. Oder sie muss mit dem Chef der Bildzeitung schlafen – was, wie schon beim Baudezernenten, kein Erfolgsgarant ist. Na ja, von der Möglichkeit, teure Werbeminuten im Fernsehen zu kaufen, müssen wir gar nicht erst sprechen; denn wenn sie sich das leisten könnte, müsste sie keine Bücher mehr schreiben.

Das alles ist also keine Lösung und außerdem viel zu kompliziert. Es gibt einen viel einfacheren Weg – und deshalb lautet mein Rat für ein Karrierefrauchen: Heiraten Sie das »richtige« Männchen! Welches das richtige Männchen für ein Karrierefrauchen ist, kann ich Ihnen an einigen Beispielen erläutern:

Architektin – Baudezernent (möglichst in einer Großstadt);

Autorin – Chef einer Boulevardzeitung (oder zumindest eines überregionalen Blattes);

Schönheitschirurgin – Chefarzt der besten und teuersten Privatklinik des Landes;

Vorstandsmitglied eines Weltkonzerns – BundeskanzlerIn (man muss auch mal flexibel sein, notfalls auch Finanzminister);

Model – Chefredakteur der Vogue;

Geophysikerin – Chef der NASA;

Chemikerin – Chef der größten Pharmafirma usw.

Als Karrierefrau haben Sie es vergleichsweise leicht, das jeweilige Männchen einzufangen, schließlich denkt es doch, Sie seien nur an seinen inneren Werten interessiert, da Sie ja finanziell abgesichert zu sein scheinen. Der Nachteil ist, dass Sie lebenslang in Abhängigkeit von diesem Männchen stehen, denn nach der Scheidung kann es Ihnen leicht Ihre weitere Karriere ruinieren. Außerdem sollten Sie Ihr Männchen vorher genau beobachten und prüfen, denn es gibt Exemplare, die Beruf und Privatleben unter gar keinen Umständen vermischen wollen. In diesem Fall hätten Sie womöglich ganz umsonst geheiratet!

Der Ehering ist die Leine des Männchens

Die Ehe ist die Leine des Mannes! Wie wir inzwischen wissen, kann ein Männchen nicht denken, sondern es wird ausschließlich von seinen Instinkten geleitet. Wenn Sie sich also dazu entschlossen haben, mit Ihrem Männchen zusammenzuleben, wird es höchste Zeit zu handeln: Sie sollten schnell heiraten! Das Männchen hat sich nun des Öfteren mit Ihnen gepaart und ist sich sicher, dass Sie es so lange pflegen, wie es das möchte. Wie jedes Haustier geht auch das Männchen davon aus, dass es lebenslang versorgt wird, und sonnt sich gern in der bedingungslosen Liebe seines Frauchens.

Um es darin zu bestärken, begeben wir uns auf einen Ausflug in die Tierwelt. Dort können wir zum Beispiel beobachten, dass Welpen im Tierheim sehr niedlich wirken und Sie durch ihren Charme leicht dazu verführen werden können, eines dieser Tierchen mit zu sich nach Hause zu nehmen. Leider denken Sie in diesem Moment vermutlich nicht an die Konsequenzen!

Schon nach ein paar Monaten werden die die possierlichen Welpen nämlich sehr fordernd. Sie stehen bellend an der Tür, weil sie Gassi geführt werden wollen, oder jammernd vor ihrem Näpfchen, um gefüttert zu werden. Oder sie wollen mit in Ihr Bett. Als Dank dafür, dass Sie so großherzig waren, haben Sie nun eine stinkende Wohnung, Hundehaare im Essen und hier und da ein Pfützchen auf der Diele.

Aber damit nicht genug! Vergessen Sie nie, Ihr Haustier würde Sie sofort für einen Fremden verlassen, der ihm bessere Leckerlis bietet als Sie. Im Gegensatz zu einem Männchen haben Sie Ihren Welpen jedoch an der Leine, sodass er nicht ohne weiteres davonlaufen kann. Wenn Sie ihn loswerden wollen, lassen Sie ihn einfach ohne Leine laufen. Das klappt garantiert!

Mit einem Männchen ist das nicht anders – auch das braucht eine Leine! Spätestens nach acht Monaten des Zusammenlebens sollten Sie verheiratet sein.

Vielleicht fragen Sie sich jetzt: »Aber weshalb? Welches Frauchen könnte meinem Männchen mehr zu bieten haben als ich?«

Ich rate Ihnen: Überschätzen Sie sich nicht! Bedenken Sie, Sie sehen womöglich nicht wirklich so jung aus, wie Sie sich fühlen. Und es kommen ständig neue Frauchen ins heiratsfähige Alter. Die Gravitation (übrigens auch eine Erfindung des Mannes) geht auch an Ihnen nicht vorüber.

Drei Dinge, die Sie niemals tun dürfen, bevor Sie den Ring am Finger haben.

Die Phase unmittelbar nach dem Einfangen eines Männchens ist von größter Bedeutung für die weitere Erziehung Ihres Exemplars. Im Überschwang der Gefühle begeht hier so manches Frauchen entscheidende Fehler, die nachher kaum wieder auszubügeln sind. Drei dieser Fehler, sozusagen die Kardinalfehler, müssen Sie unter allen Umständen vermeiden:

Schlafen Sie nie im selben Bett mit Ihrem Männchen und möglichst in getrennten Zimmern.
Das Männchen darf Sie unter gar keinen Umständen am Morgen vor oder während der Entfaltungsphase sehen. Denn wenn es erst einmal in das Gesicht eines nach dem Erwachen zerknitterten Frauchens gesehen hat, ist es nie wieder in der Lage, den Paarungsakt Ihren Wünschen entsprechend zu vollziehen. Wenn Sie Pech haben, wird Ihnen das Männchen sogar auf der Stelle entlaufen.

Bieten Sie Ihrem Männchen sexuell nicht zu viel!
Ein Frauchen hat vor der Eheschließung blendend auszusehen und sollte auch mit erotischen Reizen nicht geizen. Allerdings sollte es sich während des Paarungsaktes nicht als Traumfrau zeigen. Erfüllt das Frauchen die sexuellen Fantasien und Wünsche des Männchens zu schnell, verliert der Paarungsakt an sich seine Kraft als Erziehungsmittel. Sie soll-

ten also zunächst nur machen, was Ihnen selbst Spaß bereitet. Erst wenn das Männchen eine außergewöhnliche Leistung vollbracht hat (zum Beispiel einen gemeinsamen Opernbesuch, eine kräftige Gehaltserhöhung vorweisen kann oder sogar seine Socken ohne Aufforderung in den Wäschekorb gestopft hat), sollten Sie ihm zur Belohnung eine kleine Gefälligkeit erweisen. Umgekehrt sollte bei schlechten Leistungen (Beispiele hierfür sind ständiges Meckern wegen Ihrer angeblich zu hohen Kreditkartenabrechnungen, die Buchung eines 3-Sterne-Clubhotels oder das Spendieren einer London-Reise, bei der sich herausstellt, dass Ihr Männchen das Freundschaftsspiel England-Deutschland im Wembley-Stadion besuchen will) der Paarungsakt strikt verweigert werden – und das je nach Schwere des Vergehens notfalls auch über einen längeren Zeitraum hinweg.

Weinen Sie nie in Gegenwart eines Männchens!
Ein weinendes Frauchen verunsichert das Männchen. Das bekommt nämlich plötzlich Angst, dass Sie es nicht mehr richtig beschützen. Zudem kann der Anblick eines verheulten Gesichtes verheerende Folgen haben. Nicht selten trägt das Männchen sogar psychische Schäden davon.

Sieht das Männchen sein Frauchen des Öfteren weinen, müssen Sie damit rechnen, dass es versuchen wird, die Führungsrolle zu übernehmen; denn es glaubt nun, das Alphawesen zu sein. So etwas endet immer in einem Desaster, weil Männchen selbstverständlich nicht führen können und das auch niemals lernen werden; sie können lediglich Arbeit abgeben, um ein noch bequemeres Leben zu führen. In den meisten Fällen mutiert das Frauchen in einem solchen Fall zur reinen Putzfrau, Köchin und Wäscherin. Es verliert jegliche Attraktivität und wird nicht mehr respektiert. Und am Ende wird Ihr Männchen garantiert ein anderes Frauchen heiraten.

Die zehn Todsünden einer Ehefrau

In meinem Buch erhalten Sie viele nützliche Ratschläge zur richtigen Erziehung eines Männchens. Hilfreich sind diese ohne Ausnahme, das kann ich Ihnen versichern. Dennoch gibt es natürlich Abstufungen, so mancher Fehler einer Halterin kann später noch korrigiert werden, ohne dass die Erziehung als Ganzes scheitert. Absolut unverzeihlich jedoch sind folgende Missgriffe, die ich deshalb die »zehn Todsünden einer Ehefrau« nenne:

1. Sie tätigen selbst den Hausputz, noch dazu in Gegenwart Ihres Männchens
   Folge: Das Männchen sieht Sie als Arbeitskraft und versucht, die Führung in der Ehe zu übernehmen. Schneller als erwartet haben Sie aufgehört, sein Traumfrauchen zu sein. Dieser Zustand ist irreparabel, das Männchen muss umgehend ausgesetzt werden.

2. Sie bemängeln Ihre eigene Figur in Gegenwart des Männchens, um ein Kompliment zu erheischen.
   Folge: Das Männchen glaubt allen Aussagen seines Frauchens kritiklos und wird dessen Körper ab sofort nicht mehr attraktiv finden. Andere Frauchen erscheinen ihm plötzlich viel anziehender, und es fängt womöglich sogar an, an Ihnen herumzumäkeln. Die Erziehung ist unwiderruflich gescheitert.

3. Sie geben zu wenig Geld des Männchens aus.
   Folge: Das Männchen bemerkt einen unerwarteten Überschuss und beginnt, seine Arbeit zu vernachlässigen – in schlimmen Fällen sogar so stark, dass es sie dadurch verliert. Dann ist von einer weiteren Haltung unbedingt abzusehen!

4. Sie ernähren Ihr Männchen zu gesund und animieren es zu regelmäßigem Sporttreiben.
Folge: Das Männchen wird attraktiver für andere Frauchen und droht wegzulaufen, umso mehr, als Männchen gesunde Nahrungsmittel nur in Ausnahmefällen mögen. Sie wissen ja, Männchen muss man nur mit einer Bulette ködern, und schon laufen sie davon. Bevor ein anderes Frauchen diesen Köder auswirft, sollten Sie Ihr Männchen besser entsorgen.

5. Sie bemuttern das Männchen bei Krankheiten.
Folge: Wie ich an anderer Stelle noch ausführen werde, handelt es sich bei den Befindlichkeiten der Männchen meistens um Scheinkrankheiten. Wenn Sie den Fehler begehen, Ihr Männchen zu sehr zu umsorgen und zu bemuttern, wird es das genießen und in Zukunft öfter krank werden. Dadurch ist es häufiger zu Hause anwesend und stört Sie bei den wirklich wichtigen Dingen des Alltags; einmal ganz abgesehen davon, dass zu viele Krankmeldungen von Arbeitgebern gar nicht gerne gesehen werden.

6. Sie gehen selbst arbeiten.
Folge: Das ist vielleicht die schlimmste Todsünde, die Sie als Halterin eines Männchens begehen können. Ihr Exemplar gewöhnt sich daran sehr schnell, hat plötzlich zu viel Geld zur Verfügung, und Sie müssen Kleidung, Schuhe und Kosmetik von Ihrem eigenen Verdienst zahlen.

7. Sie liegen morgens vor Ihrem Männchen mit ungeschminktem Gesicht im Bett.
Folge: Sie verlieren Ihre Göttlichkeit vor dem Männchen, das Sie ja nur perfekt gestylt kennt und kennen darf. Das Männchen trägt dadurch schwere psychische Schäden davon und wird impotent.

8. Sie kümmern sich lieber um das schreiende Baby als um ihr hungriges Männchen.
   Folge: Auch das ist sehr gefährlich, denn Ihr Männchen fühlt sich zurückgesetzt. Lassen Sie es zu oft hungern oder fordern es gar auf, sich selbst eine Mahlzeit zu bereiten, wird es sich bald von einem anderen Frauchen bekochen lassen.

9. Sie wollen mit Ihrem Männchen ins Ballett oder Theater!
   Folge: Ihr Männchen gerät in Panik, wird von Schweißausbrüchen überfallen und ist für längere Zeit unfähig, den Paarungsakt zu vollziehen. Robustere Exemplare der Spezies reagieren womöglich abgehärteter, neigen aber leider auch zur Renitenz. So kann es Ihnen durchaus widerfahren, dass Ihr Männchen die Teilnahme an einem Ballett- oder Theaterbesuch zum Anlass nimmt, im Gegenzug dafür Besuche im Fußballstadion einzufordern, oder sich mit seinen Mitmännchen zu einem Trinkgelage verabreden will.

10. Sie wollen das Männchen unbedingt mit zum Shoppen nehmen.
    Folge: Abermals droht Ihr Männchen in Panik zu verfallen. Denn Männchen können sich nicht länger als maximal eine halbe Stunde in einem Schuhgeschäft aufhalten, ohne hungrig oder durstig zu werden. Außerdem neigen sie zu unangemessenen Klagen über die Preise der Schuhe oder über die vielen Paare, die ihre Frauchen bereits besitzen. Deshalb folgender Rat: Geben Sie Ihr Männchen vor dem Shoppen besser in einem Elektronik-Markt ab oder lassen Sie es sogar Fußball schauen! Aber vergessen Sie bloß nicht, sich seine Kreditkarte geben zu lassen!

Woran erkennen Sie, dass Sie Gefahr laufen, sich in ein Männchen zu verlieben? Und warum ist das so gefährlich?

Beginnen wir zunächst mit der Beantwortung der zweiten Frage: Warum sollten Sie sich niemals in ein Männchen verlieben, das Sie für ehetauglich erachten? Meines Erachtens liegen die Gründe hierfür auf der Hand, die wichtigsten davon werde ich für Sie kurz auflisten:

1. Wenn Sie verliebt sind, haben Sie das Bedürfnis, ständig in der Nähe Ihres Männchens zu sein. Das hat zur Folge, dass es nicht mehr dazu kommt, genug zu arbeiten, um IHREN Lebensunterhalt angemessen finanzieren zu können.
2. Weiterhin wünschen Sie sich, dass es dem Männchen gut geht, und fangen an, es zu bekochen und zu verwöhnen. Dadurch wird das Männchen träge und ist sexuell nicht mehr leistungsfähig!
3. Sie entdecken in jedem Wort Ihres Männchens etwas Schönes, obwohl es gar nichts Schönes gesagt hat.
4. Das Männchen glaubt angesichts Ihrer Verhaltensweisen, es sei gleichberechtigt. Wenn Sie Pech haben, sitzen Sie ganz schnell in der Falle, und das Männchen wird zum Herrchen. Also: REISSEN SIE SICH ZUSAMMEN!

Was kann ein Frauchen dagegen unternehmen, sich wider Willen in ein Männchen zu verlieben?

Überprüfen Sie sich selbst! Rechtzeitig und regelmäßig! Achten Sie auch auf das kleinste Alarmsignal. Denn spätestens nach dem ersten Paarungsakt könnte es bereits zu spät sein!

Wenn Sie eines der oben aufgeführten Symptome an sich entdecken, sollten Sie für mindestens zwei Wochen den Kontakt zu dem fraglichen Männchen abbrechen. Sind Sie dabei konsequent, werden Sie das Interesse an diesem Exemplar seiner Gattung verlieren, genau wie umgekehrt das Männchen an Ihnen, weil ein Männchen ohnehin ständig nach einem anderen, neuen Frauchen sucht.

Wenn Sie diese zwei Wochen überstanden haben, können Sie von Neuem auf die Jagd gehen. Und zwar halten Sie diesmal am besten nach einem Männchen Ausschau, bei dem diese Gefahr garantiert nicht besteht!

Über die Folgen einer zu späten Selbstüberprüfung werde ich wohl eine gesonderte Abhandlung schreiben müssen.

Das Männchen-Grippevirus

Immer wieder kommt es vor, dass ein Frauchen von einem Männchen mit gefährlichen Krankheiten infiziert wird und dadurch, ohne es zu bemerken, in eine Krise stürzt. Die häufigste dieser Infektionen ist das Männchen-Grippevirus, umgangssprachlich auch als »Verliebtheit« bekannt; es macht sich durch folgende Symptome bemerkbar:

- Glücksgefühle
- Kribbeln in der Bauchgegend
- Verstärkte Libido
- Herzrhythmusstörungen
- Kontrollverlust der Gedanken
- zwanghafter Wunsch, das Männchen anzurufen
- Träume vom Männchen, obwohl sonst nie geträumt wird

Übertragen wird dieses Virus ausschließlich von Männchen, wobei diese selbst immun gegen die Krankheit sind, sie also nur weitergeben!

Im Regelfall gibt es drei Ursachen beziehungsweise Wege der Übertragung:

1. visuell – der Überträger ist sehr attraktiv
2. intellektuell – der Überträger führt gute Gespräche, besticht durch Tiefsinnigkeit, Empathie, Witz und Charme
3. physisch – der Überträger provoziert Körperkontakt (Küsse, Streicheleien, Berührungen jedweder Art)

Der Krankheitsverlauf ist fast immer der gleiche: Nach der Übertragung des Virus ist der Körper der Patientin geschwächt und ihre Wahrnehmung der Umwelt deutlich getrübt, sodass das Virus nun in aller Ruhe Herz und Hirn infiltrieren kann.

Komplikationen werden auf den ersten Blick oft nicht wahrgenommen oder unterschätzt. Denn das Virus selbst ist nicht wirklich gefährlich, sehr wohl aber die durch es hervorgerufenen Sekundärinfektionen. Diese können sein: Kontrollverlust, Kochlust, Kuschelsucht, Realitätsverlust sowie Sex-Sucht. In besonders schlimmen Fällen kann es dazu kommen, dass eine Ehe eingegangen wird, die dem erkrankten Frauchen keinerlei finanzielle Vorteile bietet!

Eine wirksame Therapie gegen diese Krankheit konnte von der Wissenschaft leider bis heute nicht entwickelt werden. Wie heißt es doch so schön im Volksmund: »... da helfen keine Pillen!« Der einzige Rat, den ich Ihnen geben kann, lautet: Laufen Sie weg, wenn Sie erste Symptome dieses Virus an sich entdecken! Rufen Sie das Überträger-Männchen auf keinen Fall an! Denn selbst nach einer langen Phase der Kontaktunterbrechung kann es noch passieren, dass Sie erneut infiziert werden. Vergessen Sie nie: *SIE* SIND NICHT IMMUN!

Vorbeugen können Sie einer solchen Infektion leider auch nur auf eine einzige Weise: Vermeiden Sie jeglichen Kontakt mit Männchen, von denen Sie glauben oder aus Erfahrung wissen, sie könnten dieses Virus übertragen! Selbst wenn das Männchen zufällig wohlhabend sein sollte, so werden Sie nicht in der Lage sein, es angemessen domestizieren zu können, da Sie keinerlei Kontrolle mehr haben.

Warum eine Hochzeit entscheidend für die Zukunft ist

Die Eheschließung ist wichtig, das steht außer Frage. Aber versprechen Sie sich um Gottes Willen davon keinen Tag wie in einem Hollywood-Film. Denn die Hochzeit ist bereits der Anfang vom Ende Ihres Daseins als Traumfrau!

Der Niedergang beginnt im Grunde genommen schon Monate vorher, wenn der Antrag Ihres Männchens während einer Werbepause im Fernsehen mit diesen Worten erfolgt: »Wir sollten heiraten, dann zahle ich weniger Steuern.« Ihre Erwartungshaltung wird damit schon gründlich enttäuscht, aber Sie müssen ja heiraten, um an Ihre Rendite heranzukommen. Und machen Sie sich nichts vor, ab einem gewissen Alter ist es besser, »ja« zu sagen, egal, wie beleidigend Ihnen der Antrag der Antrag des Männchens auch scheinen mag.

Nun geht es also mit den Vorbereitungen los. Der Ehering wird ausgesucht, jedoch nicht nach Schönheit, sondern nach Großzügigkeit des Männchens. Eventuell wird sogar das Brautkleid der Schwiegermutter rausgekramt und ausgelassen. Ein Make-up-Artist (Visagist) und ein professioneller Fotograf? Kommt gar nicht in Frage, Bilder schießen kann schließlich auch der Vater oder Bruder des Männchens. Außerdem soll das Hochzeitsfest ja ohnehin im »kleinen, familiären Kreis« stattfinden – und gegessen wird abends zu Hause, weil Selbstgekochtes ja viel besser schmeckt.

Beim Aushandeln des Ehevertrages rechnet das Männchen selbstverständlich mit Ihrer Bescheidenheit, außerdem ist das ja auch nur eine Vorsichtsmaßnahme für den unwahrscheinlichen Fall der Fälle. Die Hochzeitsreise muss leider ausfallen, weil das geschäftlich momentan nicht drin ist. Die Blumen für den Brautstrauß zahlen Sie dann sicherheitshalber aus der eigenen Tasche, um das Männchen finanziell zu schonen, also nicht zu verärgern, denn *Sie* wollen ja heiraten!

Der Walzer ist in der Regel der letzte Tanz, den Sie mit Ihrem Männchen tanzen, und spätestens, wenn der Brautstrauß in die Runde geworfen wird, schenkt Ihnen niemand mehr Aufmerksamkeit, weil die anwesenden Singlefrauen ab sofort viel interessanter sind als Sie.

In der Hochzeitsnacht erweist sich selbst die teure »La Perla«-Unterwäsche, die Sie natürlich ebenfalls selbst finanziert haben, um Ihr Männchen zu überraschen, als eine totale Fehlinvestition, weil der völlig betrunkene Bräutigam auf der Stelle schnarchend neben Ihnen einschlafen wird.

Um solche Erfahrungen zu vermeiden und Ihre zweijährige Ehe einigermaßen gut zu überstehen, sollten Sie, meine lieben Damen, von Beginn an gegensteuern. Schnappen Sie sich ungefragt die Kreditkarte des Männchens und organisieren Sie das Fest selbst, ohne das Männchen in die Planungen einzubeziehen. Erklären Sie ihm, dass Sie seinen Geschmack schätzen und sich wünschen, dass es den Brautstrauß und den Ehering kauft und Ihnen am Hochzeitstag überreicht. (Vergessen Sie aber bloß nicht, Ihre Wünsche vorher mit seiner Schwester abzustimmen.) Und so, wie Sie Ihre Hochzeit nach Ihren Wünschen gestalten, sollten Sie es auch die nächsten zwei Jahre halten: Achten Sie darauf, Ihr Männchen keine eigenmächtigen Entscheidungen treffen zu lassen. MERKE: Ein Männchen hat kein Stimmrecht!

Gegen die Hochzeitsnacht ohne Paarungsakt können Sie leider nichts unternehmen, denn betrinken wird sich Ihr Männchen garantiert. Überdies wird sich dieses Problem während der Ehe noch verstärken. Aber was soll's, dafür hat der liebe Gott ja schließlich den Liebhaber erfunden!

Wer nur Obst füttert, dem entläuft sein Männchen ...

IV

Aufzucht und Erziehung eines Männchens

Die Aufzucht eines jungen Männchens

Leider verzeichnen wir seit Jahren einen beängstigenden Rückgang der Zahl heiratswilliger Männchen. Pessimisten behaupten sogar, dass diese Art gänzlich vom Aussterben bedroht ist.

Einer der Gründe für diese Entwicklung ist, dass leider immer mehr Frauen ihre Söhne zu eigenständig denkenden und handelnden Männchen erziehen. Dieses Phänomen trat erstmalig Ende der sechziger Jahre auf. Frauen fühlten sich kurzzeitig frei und paarten sich beliebig mit bekifften Männchen, ohne an die Konsequenzen ihres Handelns zu denken. Nach einer kurzen Phase der Euphorie hatten sie dann neun Monate später den Salat – einen Sohn!

Die Mütter mussten nun von Party zu Party ziehen, um den Erzeuger des Kindes ausfindig zu machen, und überließen ihren Nachwuchs einfach sich selbst – unter dem Deckmantel der »antiautoritären Erziehung«. So entstand völlig unerwartet und widernatürlich eine Generation von Männchen, die allein überlebensfähig waren. Sie konnten kochen, putzen, einparken und sogar ihre Wäsche selber waschen.

Manchen Gesellschaftswissenschaftlern erschien diese neue Männchenart auf den ersten Blick als eine weiterentwickelte Spezies. Ja, man sprach hinter verschlossenen Türen gar vom »Homo Auto«, dem höchstentwickelten Lebewesen überhaupt (dieser lateinisch-griechische Begriff ist übrigens die erste multikulturelle Wortbildung der Geschichte). Leider jedoch musste ich im Zuge meiner Forschungen feststellen, dass diese Männchenart in der Summe keine einzige Fähigkeit dazugewonnen hat; denn für jede neu erworbene ging eine andere verloren. Dies möchte ich an einigen ausgewählten Beispielen verdeutlichen.

Das Homo-Auto-Männchen kann jetzt zwar kochen, aber es hat verlernt, seinem Frauchen Blumen zu schenken.

Es kann seine Hemden selber waschen und bisweilen sogar auch bügeln, aber es will partout keinen Nachwuchs mehr zeugen.

Es hat tatsächlich die Fähigkeit zum Putzen erworben, will aber nicht mehr heiraten und schon gar nicht sein Geld mit seinem Frauchen teilen.

Während meiner Forschungen entdeckte ich zudem, dass keines der Homo-Auto-Männchen die Fähigkeit zum Nutzen eines Falk-Plans oder zum Geschirrabwaschen entwickelte. Dennoch wusste das »neue Männchen« sich zu helfen, indem es Spülmaschinen (die gibt es seit Jahrzehnten) und Navigationsgeräte erfand.

Alles in allem lautet mein Resümee dieser bedenklichen Entwicklung, dass uns Frauchen das Homo-Auto-Männchen überhaupt keinen Vorteil gebracht hat; im Gegenteil, immer mehr von uns müssen auf Samenbanken zurückgreifen, wenn wir Nachwuchs wünschen, oder, schlimmer noch, selbst arbeiten gehen, um unseren Lebensunterhalt angemessen zu bestreiten.

Um der nächsten Generation Frauchen ein leichteres Leben zu ermöglichen, flehe ich Sie deshalb an, liebe Mütter: Verwöhnen Sie Ihre kleinen Männchen, spielen Sie viel mit ihnen, bekochen und bewaschen Sie sie, machen Sie das kleine Männchen abhängig vom Weiblichen. Seien Sie immer für Ihr Jungmännchen da, auf dass es nie vergisst, dass allein die Mutterbrust es glücklich macht.

Die artgerechte Umgebung eines Männchens

Wenn Sie endlich die glückliche Halterin eines Männchens sind, heißt es, demnächst seine Erziehung in Angriff zu nehmen. Zuvor gilt es, die Voraussetzungen für eine artgerechte Haltung zu schaffen.

Wenn Sie nun daran gehen, die richtige Umgebung für Ihr Männchen einzurichten, sollten Sie eines nie vergessen: Das Männchen an sich ist sehr anspruchslos. Es benötigt wenig Platz, und der muss nicht einmal besonders dekoriert werden. Mühe wird Ihnen in erster Linie die Einrichtung eines passenden Männchenklos bereiten. Ich empfehle Ihnen, Ihrer Neuerwerbung unter allen Umständen ein separates WC zur Verfügung zu stellen. In der Anfangsphase des Zusammenlebens wird Ihnen die Säuberung dieses Männchenklos zusätzliche Arbeit machen, doch lassen Sie sich davon nicht entmutigen: Bei guter Erziehung wird auch Ihr Männchen bald stubenrein sein.

Zur Körperpflege reicht dem Männchen in den meisten Fällen eine Dusche. Viele Exemplare dieser Spezies scheuen das Wasser und baden nicht gern. Versuchen Sie bitte nicht, das zu ändern, denn Sie sparen so Wasser – und die Einrichtung einer zweiten Badewanne ist sehr kostspielig. Eine zweite Duschkabine lässt sich hingegen schnell einrichten, und diese Kosten sollten Sie auch nicht scheuen. Denn auch im Hinblick auf das Bad sind getrennte Räume mehr als angeraten. Vergessen Sie nie: Zahnpastaflecken am Spiegel, überschwemmte Fußböden sowie Bartstoppeln im Waschbecken sind äußerst unangenehm. Und die meisten Männchen werden leider nie lernen, ihren Waschplatz sauber zu hinterlassen.

Bitte bringen Sie Verständnis für diese nur scheinbar gewollten Unzulänglichkeiten auf, denn die Anatomie eines Männchens unterscheidet sich nun mal sehr von der unsrigen. Es ist wie bei den Bienen: Auch dem Männchenauge fehlen die Iris, die Linse und die Pupille. Anders als die Biene verfügt das Männchen jedoch nicht über ein Facettenauge, es kann also gar keine Zahnpastaflecken oder Überschwemmungen wahrnehmen. Nur durch harte Dressur ist es Verhaltensforschern gelungen, einigen wenigen Männchen derartige Kunststücke beizubringen, jedoch gab es danach heftige Auseinandersetzungen mit Männchenschutzvereinen, sodass diese Form der Dressur schließlich verboten wurde. Mehr noch: Es ist neuerdings sogar untersagt, über derartige Dressurmethoden und vergleichbare Experimente überhaupt zu berichten; deshalb bitte ich Sie zu verstehen, dass ich auf dieses Thema nicht näher eingehen kann.

Zur Zerstreuung des Männchens schließlich reicht ein Fernseher aus, auch für einen Computer ist es sehr dankbar. Und damit wissen Sie eigentlich schon alles für die artgerechte Haltung Ihres neuen Besitzes Notwendige. Die Außenhaltung eines Männchens ist in unseren Gefilden leider nicht möglich – aber davon abgesehen ist dessen Unterbringung wirklich ein Kinderspiel. Glauben Sie aber bloß nicht, dass auch alles nun Folgende derart einfach ist – wirklich problemlos ist tatsächlich nur die Unterbringung des Männchens!

Überfordern Sie Ihr Männchen nicht!

Leider vergessen angehende Besitzerinnen eines Männchens immer wieder, dass ihre Erwerbung nicht für alle Zwecke geeignet ist. Ein Männchen ist beispielsweise nicht in der Lage, mit schwierigen Situationen umzugehen! In meinen Studien konnte ich immer wieder beobachten, dass viele Frauchen besonders in der Einfang-Phase schwere Fehler begehen. Deshalb hier noch einmal einige wichtige Tipps zur optimalen Vorgehensweise im Frühstadium der Jagd:

1. Sehen Sie immer blendend aus, wenn das Männchen Sie ausführt.
2. Lassen Sie das Männchen reden, egal, wie langweilig seine Monologe auch sind.
3. Kritisieren Sie das Männchen niemals!
4. Haben Sie immer gute Laune.
5. Reden Sie zu keiner Zeit über Ihre eigenen Sorgen und Nöte – seien die auch noch so groß!

Es scheint, Punkt fünf stellt die größte Herausforderung für das einfangende Frauchen dar. Deshalb möchte ich noch einmal verdeutlichen, warum es so wichtig ist, dem Männchen ein sorgenfreies Leben vorzutäuschen: Das Männchen ist von Natur aus ängstlich. Es ist allein nicht überlebensfähig und wird ausschließlich von seinen Instinkten geleitet. Wenn es nun einem Frauchen begegnet, das allem Anschein nach Probleme hat, besonders in finanzieller Hinsicht, dann gerät das Männchen leicht in Panik und wird bestenfalls noch an einem Paarungsakt interessiert sein (wobei Sie auch hier schon mit einer Beeinträchtigung rechnen müssen).

Außerdem sehen Sie nicht gut aus, wenn Sie weinen und jammern. Ein Zusammenleben mit Ihnen wird dadurch aus der Sicht des Männchens völlig unmöglich. Überlegen Sie doch mal: Von Ihrem Kaninchen würden Sie schließlich ja auch nicht erwarten, dass es Ihnen hilft, Sie auffängt oder beschützt!

Wie bekomme ich mein Männchen aus dem Haus getrieben, ohne dass es Argwohn schöpft?

Besitzerinnen eines Männchens sehen sich täglich mit neuen, oft überlebensnotwendigen Fragen konfrontiert – als da wären: »Wann lege ich unbemerkt vom Männchen meine Antifalten–Maske auf? Wie kann ich ungestört meine ungeliebten Härchen entfernen oder mit dem Hornhauthobel meine Füße bearbeiten?«

Diese Probleme sind tatsächlich existentiell, denn schließlich wollen die Halterinnen ihre Männchen nicht durch den schrecklichen Anblick derartiger Restaurationsarbeiten vertreiben – zumindest, wenn es sich um ein neues Exemplar handelt, das man noch einige Zeit behalten möchte! So manches Männchen ist beim Anblick einer der oben beschriebenen Tätigkeiten seines Frauchens schon jämmerlich eingegangen. Oder schlicht und einfach davongelaufen.

Also stellt sich jedem Frauchen eine alles entscheidende Frage, die dringend beantwortet werden muss: »Wie bekomme ich mein Männchen aus dem Haus getrieben, ohne dass es Argwohn schöpft?«

Um mindestens einen männchenfreien Abend pro Woche sicherzustellen, bedarf es langfristiger und gut durchdachter Vorbereitungen! Bereits unmittelbar nach der Anschaffung eines Männchens sollte seine Halterin ihm zu verstehen geben, dass sie nicht begeistert ist, wenn es sich ständig mit seinen Mitmännchen trifft. Vom leisen Bekunden des Missfallens bis hin zur Provokation des ersten handfesten Streits ist es dringend erforderlich, dass mindestens vier Monate vergehen, in denen auf eine stetige Steigerung der Gefühlsausbrüche zu achten ist! Bei einer voreiligen Eskalation könnte sogar ein durchschnittlich einfühlsames Männchen Verdacht schöpfen.

Der schließlich zu inszenierende Schlussstreit muss bei dem Männchen den Eindruck erwecken, als ob es um grundsätzliche Machtverhältnisse ginge und das Frauchen die Absicht verfolge, die Freiheit des Männchens einzuschränken. Nur dann wird das Männchen mit aller Macht um seine vermeintlichen Rechte kämpfen. Nach etwa 30 Minuten sollte sich die Besitzerin dann geschlagen geben, diese Auseinandersetzung für verloren erklären und seinem Männchen großzügig die Erlaubnis erteilen, sich weiterhin mit seinen Mitmännchen zu treffen, und sei es sogar zum gemeinsamen Fußballschauen. Damit vermitteln Sie Ihrem Männchen das Gefühl, es hätte in Ihrer Beziehung weiterhin »die Hosen an«.

Ein geschickt taktierendes Frauchen partizipiert in doppelter Hinsicht am eigentlichen Erfolg seiner »Niederlage«: Das Männchen fühlt sich in seinem Selbstbewusstsein gestärkt (Sie wissen ja, das ist überaus wichtig für den Paarungsakt); und das Frauchen hat seinen wohlverdienten freien Abend, an dem es heimlich die gut versteckte Celine-Dion-CD hervorholen, genüsslich hobeln, wachsen, quetschen und mit der besten Freundin telefonieren kann.

Aber beachten Sie: Falls Sie diese Methode nicht richtig anwenden, könnte das Männchen versucht sein, selbständig zu denken und möchte Ihnen womöglich noch gefallen. Mit welchem Ergebnis? Es bleibt zu Hause!

Füttern durch fremde Frauchen verboten!

Sie haben es geschafft. Sie sind stolze Besitzerin eines Männchens. Aber damit hören die Schwierigkeiten noch lange nicht auf – nun stellt sich Ihnen die Aufgabe, für eine artgerechte Haltung des Männchens zu sorgen.

Neben der Erziehung ist auch die Pflege des Männchens von äußerster Wichtigkeit. Regelmäßiges Waschen, Zahnpflege und das Wechseln der Unterwäsche lernt das Männchen unter ihrer Anleitung schnell. Nach zwei Jahren hat es im Allgemeinen auch die Fähigkeiten erworben, den Müll zu entsorgen und Regale zu bauen. Ihr Männchen kann sich nun schon sehen lassen. Doch Vorsicht! Ein Zweijahresmännchen ist sehr begehrt! Viele, zu viele andere Frauchen beginnen nun, sich für Ihr Exemplar zu interessieren, und lassen nichts unversucht, um es Ihnen vor der Nase wegzufangen. Der beliebteste Weg, den besitzlose Frauen hier einschlagen, führt durch den Magen des Männchens – und das beliebteste Lockmittel ist FLEISCH! Deshalb rate ich Ihnen dringlich: Füttern Sie Ihr Männchen um Himmels willen nicht ständig mit Gemüse, Obst und Rohkost! Dann nämlich wird es permanent hungrig sein und für eine Bulette alles tun, sogar eine neue Ehe eingehen!

Die Sorge um eine gesunde Ernährung des Männchens wird ohnehin überschätzt. Eine Lebenszeitverkürzung durch zu cholesterinreiche Ernährung muss schließlich nicht unbedingt einen Nachteil darstellen. Schließlich haben die meisten Exemplare dieser Gattung ja eine Lebensversicherung!

Also, merke: Pflege ja – gesunde Ernährung nein!

Alkohol ist nicht nur was für Männer

Lernen Sie zu trinken wie ein Russe! Leider gibt es noch immer zahlreiche Frauchen, die glauben, es schicke sich nicht, sich in der Öffentlichkeit richtig zu besaufen, schon gar nicht in Gegenwart eines Männchens.

Aber das ist falsch! Beobachten Sie mal die Männchen und lernen Sie aus dem, was Sie sehen.

Ein Männchen trinkt hemmungslos. Sein Frauchen hat dann die Aufgabe, sich die ganze Nacht um es zu kümmern. Sie hindert das Männchen daran, in die falsche Richtung zu laufen, sie bewegt es zu regelmäßigen Toilettenbesuchen, sie stützt es beim Laufen und sorgt dafür, dass es nicht mit dem falschen Frauchen nach Hause geht. Und im Morgengrauen legt es das total betrunkene Männchen dann liebevoll auf das Sofa.

Das Frauchen wird dadurch leicht zum Babysitter seines Männchens und hat keine Gelegenheit mehr, sich der restlichen Männerwelt angemessen zu präsentieren. Auf die wirkt es mütterlich – und Sie wissen ja, was Männchen von mütterlichen Frauchen halten, ganz besonders samstagnachts.

Um zu vermeiden, dass Sie in eine solche Situation geraten, sollten Sie IHREM Männchen gleich beim ersten Date zeigen, wo der Hammer hängt!

Aber auch das Saufen will gelernt sein. Um meinen Leserinnen mit Rat und Tat zur Seite stehen zu können, habe ich mich auch in diesem Bereich mehrfach persönlich für wissenschaftliche Studien geopfert und kann Ihnen deshalb einige Tipps mit auf den Weg geben, die garantiert funktionieren:

- Trinken Sie schnell!
- Wechseln Sie beliebig die Getränke!
- Scheuen Sie sich nicht, auch Grappa zu trinken – selbst wenn Sie ihn nicht mögen!
- Vermeiden Sie Schorlen!
- Lassen Sie das Eis weg!
- Essen Sie nicht, auch wenn Sie hungrig sind!
- Trinken Sie auf gar keinen Fall Wasser!

Wenn Sie diese Ratschläge befolgen, werden Sie schnell den gewünschten Zustand erreicht haben und können das Nachtleben richtig aufmischen. Genießen Sie die Komplimente der anderen Männchen und machen Sie sich keine Sorgen, was Ihr Exemplar vielleicht gerade treiben könnte. Wenn Sie es richtig anstellen, hat es garantiert keine Minute Zeit, um mit anderen Frauchen zu flirten.

Viel Spaß!

Das MaE-Syndrom

Eine der häufigsten Männchenkrankheiten ist unter dem Namen »MaE(Mangel an Eigenliebe)-Syndrom« bekannt. Zu erkennen ist dieses Leiden sehr leicht. Ein derart erkranktes Männchen neigt zu Gereiztheit, negiert seine Umwelt, versucht, seinem Frauchen das Selbstwertgefühl zu nehmen, ignoriert die Brut und begibt sich sehr viel häufiger auf Geschäftsreisen, als dies normal ist. In extremen Fällen kann dies sogar zu aggressivem Fahrverhalten oder gar Prügeleien mit anderen Männchen führen.

Die Ursache dieser Krankheit ist leider noch völlig unbekannt. Da es noch immer keine ausreichend spezialisierten Wissenschaftler und Ärzte für typische Männchenkrankheiten gibt, müssen Sie Ihr Männchen also selbst therapieren. Von Forschern werden hier unterschiedliche Methoden empfohlen, die meiner Ansicht nach zumeist völlig ungeeignet sind, das Problem zu beheben. An dieser Stelle möchte ich nur auf eine der vorgeschlagenen Therapien eingehen.

Herr Prof. Dr. Dr. Münchhausen empfiehlt den Besitzerinnen eines solcherart erkrankten Männchens, sich umgehend in eine devote Haltung zu begeben und über dessen problematische Verhaltensweisen einfach hinwegzusehen oder schlimmer noch: Verständnis zu haben.

Ich persönlich rate allerdings dringend davon ab, diesem Vorschlag zu folgen! In meinen Feldforschungen bin ich zu der Erkenntnis gelangt, dass ein Frauchen es später häufig nicht mehr schafft, sich aus dieser untergeordneten Rolle wieder zu befreien. Die Krankheit des Männchens wird dadurch eher noch verstärkt.

Meine Empfehlung lautet, das Männchen beim Auftreten der oben genannten Symptome unbedingt zu stärken, schließlich ist es ja offenkundig geschwächt. Die erfolgreichste Methode ist der altbekannte Zickenkrieg. Gehen Sie mal wieder mit Ihrem Männchen aus. Bitten Sie Ihre Freundinnen, natürlich nur die wirklich vertrauenswürdigen, ebenfalls in der fraglichen Lokalität zu erscheinen und mit Ihrem Männchen zu flirten. Wichtig ist, dass Sie dieses Geschehen mindestens eine Stunde ignorieren, um sicherzugehen, dass Ihr Männchen das auch wirklich bemerkt.

Ist diese Zeit verstrichen, beginnen Sie bitte NICHT, mit Ihrem Männchen zu streiten oder ihm Vorwürfe zu machen, sondern nehmen Sie sich stattdessen Ihre Freundinnen vor. Sie könnten zum Beispiel vor Ihrem Männchen damit beginnen, über die Flirtende zu lästern – wie fett, schlecht angezogen und ordinär die die doch sei. Oder Sie gehen gleich direkt zu ihr und erklären ihr lautstark, dass dieses Männchen allein in Ihrem Besitz sei. In Härtefällen können Sie gern auch zum Äußersten greifen und sich – SEHR SEXY! – mit Ihrer vermeintlichen Rivalin prügeln.

Selbstverständlich ist es leicht möglich, solche Situationen auch in der virtuellen Welt, zum Beispiel auf Facebook, zu arrangieren. Meinen Beobachtungen zufolge finden dort häufig Zickenkriege statt, die einzig inszeniert werden, um ein Männchen zu heilen.

Im Normalfall werden Sie bei Einsatz dieser Therapie schnell bemerken, wie die Genesung ihres Männchens einsetzt. Es fühlt sich wieder sicher, gebraucht und geliebt. Falls diese Methode jedoch nicht anschlägt, ist die Krankheit Ihres Männchens bereits zu weit fortgeschritten und nicht mehr heilbar. In diesem Falle sollten Sie Ihr Exemplar umgehend aussetzen.

Die Bedrohung: das Auto

In einer langjährigen Beziehung ist das Auto häufig die größte Konkurrenz des Frauchens. Oft bekommt es, völlig zu Unrecht, von einem Männchen sehr viel mehr Aufmerksamkeit geschenkt als dessen Halterin. Wie aber kommt das Frauchen gegen dieses beliebte Spielzeug Ihres Männchens an?

Nach einer längeren Zeit des Zusammenlebens reichen Make-up, Botox, Liftings und schöne Kleider nicht mehr aus, um hier Abhilfe zu schaffen. Das Männchen hat seine Besitzerin schon viel zu oft nackt gesehen, am Morgen ihren wahren Duft wahrgenommen, das Frauchen krank und weinend erlebt – kurz, er kennt es viel zu lange und zu gut. Das Frauchen ist nicht mehr neu und interessant. Der Lack ist ab!

Anders ist es beim Auto: Das funktioniert immer, ohne zu jammern und zu klagen, und wird, zumindest bei wohlhabenden Männchen, jährlich ausgetauscht. Es ist also immer neu, spannend und frisch lackiert.

Was also kann die Besitzerin eines Männchens dagegen unternehmen, dass ein Auto für das Männchen wichtiger wird als sie selbst?

Hier meine wichtigsten Tipps: Sorgen Sie dafür, dass Ihr Männchen nicht über die nötigen Mittel verfügt, sich regelmäßig tolle Autos zu kaufen! Geben *Sie* sein Geld aus!

Wenn Sie das durch Wellness-Urlaube, Prada-Schuhe oder Schmuck-Käufe dennoch nicht schaffen, einfach weil Ihr Männchen zu wohlhabend ist, dann greifen Sie zur letzten Konsequenz: Suchen Sie sich regelmäßig einen neuen, jungen Liebhaber. Dann haben Sie sehr schnell wieder die ungeteilte Aufmerksamkeit eines Männchens und dazu noch guten Sex!

Das Männchen und die Blumen

Eigentlich wird es den Männchen heutzutage doch sehr leicht gemacht. Da gibt es Fleurop für das arme Männchen und Blumenbutler für das reiche Exemplar. Dennoch ist keines dieser beiden Männchen in der Lage, sein Frauchen hin und wieder einmal mit einem schönen Blumenstrauß zu überraschen – es sei denn, es hätte sich zuvor ein großes Vergehen gestattet. Aber selbst dann stammen die Blumen meistens von der Tankstelle.

Wie nun kommt das Frauchen trotzdem an die begehrten Blumen? Beachten Sie: Ein Männchen reagiert nur, wenn es auf Lohn hofft oder einen Fehler wiedergutmachen möchte. Daraus ergeben sich einige Hinweise für die richtige Erziehung Ihres Exemplars. Hier einige Beispiele:

1. Sagen Sie Ihrem Männchen, dass es nur dann zum Paarungsakt kommt, wenn es Blumen mitbringt. Alternativ können Sie es auch mit einem kräftigen Fleischgericht bekochen, nachdem es Ihnen Blumen mitgebracht hat. Seien Sie sicher, auch Ihr Männchen wird sich das einprägen.
2. Sorgen Sie dafür, dass das Männchen glaubt, einen groben Fehler begangen zu haben. Und zwar regelmäßig, denn Männchen sind sehr vergesslich.
3. Wenn das alles nicht hilft, bestellen Sie eben Ihre Blumen selbst, online, und bezahlen sie mit seiner Kreditkarte.

Da die Erziehung meist sehr mühselig ist, empfehle ich Ihnen, gleich die dritte, die Kreditkartenvariante, zu wählen. Sie sollten sich aber nach jeder Lieferung bei ihrem Männchen bedanken. Denn wenn es erst einmal belohnt worden ist, hat es keine Chance mehr, sich zu beklagen. Und, mal ehrlich: 26 Blumensträuße im Jahr sind doch wirklich nicht zu viel verlangt!

Tampons kaufen – ein Meilenstein

Sie besitzen Ihr neues Männchen nun schon einige Wochen und haben es sich bei Ihnen einleben lassen. Es fühlt sich offensichtlich wohl und glaubt, alles würde immer so schön bleiben, wie es in dieser ersten Zeit war und noch immer ist. Jetzt ist der richtige Augenblick gekommen um zu testen, ob die Erziehungsarbeit beginnen kann. Schicken Sie Ihr Männchen in den Drogeriemarkt, um Tampons für Sie zu kaufen. Ich weiß, das stellt eine gewaltige Herausforderung für das Männchen dar, aber mit den richtigen Instruktionen ist es durchaus möglich, dass Ihr Exemplar diese Aufgabe bewältigt. Die Farben Rosa, Gelb und Orange wird es ja sicher unterscheiden können.

Schritt 1: Um Widerstand Ihres Männchens gleich im Keim zu ersticken, erklären Sie ihm, dass Sie ohne Tampons das Haus nicht verlassen können. Das ist auch für die Zukunft äußerst wichtig, denn natürlich kann so ein Tampon-Kauf immer gut genutzt werden, um gleich noch fehlendes Waschpulver, Katzenstreu oder Nagellack »mitbringen« zu lassen.

Schritt 2: Beim ersten Mal erklären Sie Ihrem Männchen selbstverständlich, dass Sie »o.k. mini« benötigen. Erwähnen Sie auf gar keinen Fall Größen wie »super« oder »XXL«! Das Männchen könnte nämlich sonst die Tampons als Konkurrenz sehen und sich ängstigen.

Schritt 3: Da Männchen beim Einkaufen nicht lesen, sondern sich farblich orientieren, ist es von immensem Vorteil, dass sich die Industrie diesem Defizit bei der Produktion von Tampons hervorragend angepasst hat. Die Marke »o.k.« beispielsweise teilt sich auf in »mini« (rosa), »normal« (gelb) und »super« (orange). Also sagen Sie sagen Ihrem Männchen, es solle rosa »o.k.«-Tampons kaufen. Die drei Farben wird es ja noch unterscheiden können. Falls Ihr Männchen sehr bescheiden ausgestattet sein sollte (in Bezug auf Gehirnnutzung), wäre es ratsam, noch zu erwähnen, dass die Packung IMMER blau ist. So vermeiden Sie Missverständnisse und Verzögerungen.

Wenn das Männchen anschließend mit stolz geschwellter Brust nach Hause kommt und tatsächlich noch die richtige Packung dabeihat, haben Sie es geschafft: Ihr Männchen ist erziehbar. Herzlichen Glückwunsch!

Falls später mal Fragen auftauchen sollten, warum Sie anders als damals nun gelbe oder orangefarbene Tampons benutzen, antworten Sie einfach, das liege daran, dass es so gut ausgestattet sei (diesmal nicht auf die Gehirnnutzung bezogen).

Shopping ohne Männchen

Shopping macht generell Spaß. Aber es macht sehr viel mehr Spaß ohne ein Männchen, mit Freundinnen zum Beispiel; mit Freundinnen UND der Kreditkarte des Männchens wird es zum reinen Vergnügen. Allerdings bedarf es abermals einer gewissen Erziehungsleistung, um das Männchen dazu zu bewegen, Ihnen seine Kreditkarte auszuhändigen, statt selbst bei der Shoppingtour mitzumachen. Um dieses Ziel zu erreichen, sollten Sie folgendermaßen vorgehen:

1. Erklären Sie Ihrem Männchen, Sie würden seine Gesellschaft genießen und sich sehr freuen, wenn es Sie beim Kauf neuer Schuhe begleite. Ihr Männchen wird nicht begeistert sein, aber Ihnen zuliebe überwindet es sich vielleicht, vorausgesetzt, Sie kennen es nicht länger als zwei Monate.
2. Ziehen Sie den Schuhkauf unnötig in die Länge, tun Sie so, als könnten Sie sich nicht entscheiden, gaukeln Sie Ihrem Männchen vor, die Schuhe würden nicht richtig passen, und laufen Sie in jedem Geschäft möglichst lange hin und her, um zu »überprüfen«, ob die ausgewählten Modelle auch wirklich bequem sind.
3. Nach dem vierten Schuhladen gehen Sie dann zu Kleidern über. Halten Sie sich lange in der Umkleidekabine auf und zeigen Sie Ihrem Männchen immer wieder, was Sie gerade

anprobiert haben, und fragen Sie es, welches Kleid ihm am besten gefällt.

4. Schon bald möchte das Männchen garantiert essen gehen, erklärt Ihnen, es habe Durst oder es müsse dringend auf die Toilette. Gestatten Sie das bloß nicht, sondern versuchen Sie nun, Ihr Männchen zu motivieren, indem Sie ihm sagen, Sie bräuchten dringend auch neue Dessous. Das Männchen wird augenblicklich wieder zu Kräften kommen.
   Jetzt fahren Sie zu einem Wäscheladen am anderen Ende der Stadt. Hier agieren Sie wie in den anderen Geschäften, zeigen ihrem Männchen, was Sie gern kaufen wollen, und erklären ihm dann nach etwa einer Stunde, dass Sie sich einfach nicht entscheiden können.
5. Inzwischen sollten in etwa acht Stunden vergangen sein, sodass Ihr Männchen halb verhungert und völlig erschöpft ist. An diesem Abend sollten Sie unbedingt darauf achten, dass Sie nichts kochen und auch keinen Paarungsakt vollziehen.

Männchen lernen sehr langsam, darum ist es zwingend notwendig, dieses Ritual in nächster Zeit mindestens einmal pro Woche zu praktizieren. Sie sollten vor dem Shopping jedes Mal beteuern, dass Sie sich nun entschlossen hätten, diese Schuhe oder dieses Kleid oder diese Strumpfhalter zu kaufen. Legen Sie sich aber im Vorhinein schon mal Begründungen zurecht, weshalb Sie sich im Geschäft dann doch wieder anders entscheiden.

Das Männchen sollte nach einem Monat gelernt haben:

Einkaufen ist anstrengend. Es gibt nichts zu essen. Es darf auch nicht auf einen Paarungsakt als Belohnung für seine Geduld hoffen. Und sein Frauchen gibt ohnehin kein Geld aus, weil es sich einfach nicht entscheiden kann.

Nun wird Ihnen das Männchen beim nächsten Mal von ganz allein seine Kreditkarte anbieten, und Sie können ab sofort bedenkenlos einkaufen. Als Belohnung erwartet das Männchen am Abend die Erlaubnis, sich mit seinen Artgenossen zu treffen, um in die Kneipe zu gehen oder Fußball zu schauen. Und Sie haben die Gelegenheit, die neu erworbenen Schuhe, Kleider sowie die neue Unterwäsche von anderen Männchen begutachten zu lassen.

Zusammenleben mit einem metrosexuellen Männchen

Das Bad ist das Revier des Frauchens, und so sollte es auch bleiben! Cremedöschen, deren Preise niemanden etwas angehen, Haarspülungen, Gesichtsmasken, Parfums, Lotions, Make-up und Anti-Cellulitie–Massageöle sind Frauchensache!

Wenn das Frauchen nun ein sensibles, einfühlsames Männchen gefangen hat und beschließt, mit ihm zusammenzuwohnen, sollte vorab unbedingt eine ausgiebige Prüfung des Männchens erfolgen. Denn ein metrosexuelles Männchen wird das Badezimmer in Beschlag nehmen, kochen und, das Schlimmste: Es wird SIE das Geld verdienen lassen!

Natürlich ist eine solche Prüfung nicht ganz einfach, aber ein paar sichere Indikatoren gibt es doch, um den lauernden Gefahren vorzubeugen. Sie sollten also in der Jagdphase unbedingt darauf achten, dass Sie zumindest einen Paarungsakt in der Wohnung Ihrer Beute vollziehen und dabei insbesondere auch das Badezimmer aufmerksam inspizieren. Ein metrosexuelles Männchen erkennen Sie unter anderem daran,

- dass es weint, wenn sein Frauchen Kritik an ihm übt;
- dass es während des Paarungsaktes freiwillig und gern unten liegt
- und – !!!ACHTUNG!!! – dass es eigene Haarspülungen besitzt!

Ein echtes beziehungsweise gemeines Männchen wiederum verrät sich dadurch,

- dass es Ihnen eine knallt, wenn Sie Kritik an ihm üben;
- dass es während des Paarungsaktes nur an seine eigenen Bedürfnisse denkt
- und dass es sich ausschließlich mit Kernseife wäscht – wenn überhaupt!

Dazwischen gibt es leider nichts! Sie müssen sich also entscheiden: Entweder Sie wählen das geringere Übel – oder Sie verzichten vollständig auf den Erwerb eines Männchens!

Warum einem Männchen Haare im Gesicht wachsen

Ursprünglich hat die Natur nahezu alles perfekt eingerichtet, sogar im Hinblick auf die Männchen:

1. Das Männchen hat einen kräftigeren Körperbau, um unsere Häuser bauen zu können.
2. Es denkt rationaler, um Geldgeschäfte ohne Emotionen zum Erfolg zu bringen, was schließlich ja auch uns Frauchen zugutekommt.
3. Dem Männchen wachsen Haare mitten im Gesicht, damit es sich, durch die Nassrasur, auch mal das Gesicht wäscht.

Wie gesagt – ursprünglich war das alles so gedacht oder eingerichtet. Leider haben sich vor allem in den letzten Jahrzehnten zunehmend Entwicklungen eingestellt, die diesen Plan der Natur unterhöhlen. Hierfür einige Beispiele:

Zu 1: Die dürren, metrosexuellen Körper vieler heutiger Jugendlicher belegen leider eindeutig, dass die Instinkte des Männchens mehr und mehr verkümmern. Es steht zu befürchten, dass sich diese Entwicklung noch verstärkt, falls nicht schnell Gegenmaßnahmen ergriffen werden.

Zu 2: Die aktuelle Wirtschaftslage, nicht nur in Griechenland oder Italien, sowie die aktuelle Situation an der Börse, beweisen, dass auch die Instinkte des Männchens, wenn es um Geld geht, in jeder Hinsicht verloren gegangen sind.

Zu 3: Und was das Gesichtwaschen betrifft, hat die Erfindung der Trockenrasierers schon vor Jahrzehnten dazu geführt, dass sich zahlreiche Männchen selbst vor diesem Minimum an Körperpflege drücken können. Und so kommen wir zu dem Schluss, dass die Natur zwar perfekt organisiert sein mag, das Männchen jedoch, ständig pubertierend, gegen all ihre Errungenschaften ankämpft. Und das oft auch noch mit Erfolg.

Wie gesagt, gegen die Natur ist nichts zu sagen, sie meinte es gut. Wirklich!

Was tun, wenn das Männchen krank ist?

Wenn ein Männchen krank wird, kann dies mehrere Gründe haben. Zum Beispiel:

1. Seine sexy Sekretärin ist offiziell mit dem Chef liiert.
2. Es vermisst seine Mutter, möchte sie aber auch nicht ständig um sich haben.
3. Es ist Winter, und das Auto ist vereist.
4. Ein Besuch im Ballett steht an.
5. Es hat keine Lust auf Sex.
6. Es ist tatsächlich krank.

Wenn Ihr Männchen in die Apotheke geht und von dort alkoholische Hustensäfte, unwirksame Schmerztabletten, Lutschtabletten, Tees und Mentholsalben mitbringt, trifft mit Gewissheit einer der ersten fünf Punkte zu. Es ist jetzt von großer Wichtigkeit, dezentes Mitgefühl zu heucheln, da das Männchen offenkundig Trost bei seinem Frauchen sucht. Dennoch kann die Halterin ihren Tagesablauf weiterhin ganz nach ihren Gelüsten gestalten. Echte Fürsorge ist vollkommen unangebracht und sehr schädlich für den weiteren Verlauf der Krankheit sowie des Zusammenlebens.

Die Konsequenzen eines sonstigen Fehlverhaltens des Frauchens sind auch hier unüberschaubar. Aber einige Beispiele sollten genügen, um Ihnen zu zeigen, was geschehen könnte, wenn Sie Ihr Männchen in den Krankheitsfällen 1 bis 5 zu sehr hegen, pflegen und verwöhnen:

Wenn die Besitzerin des Männchens zu liebevoll und mütterlich reagiert, verliert sie dadurch für das Männchen ihren Reiz als Frau, und das Leben als Diva ist dahin. Schnell ist das Männchen verwöhnt und sucht nur noch die Mutter in seinem Frauchen. Falls einer Halterin dieser Fehler einmal unterlaufen ist, sollte sie ihr Männchen sofort entsorgen, es ist nutzlos geworden, und der entstandene Schaden ist definitiv irreparabel.

Selten kommt es vor, dass ein Männchen wirklich krank ist. Nun gilt es genau herauszufinden, von welcher Krankheit es befallen wurde. Meist ist eine Zahnentzündung die Ursache seiner Leiden, da können Sie Ihrem Männchen getrost helfen und es verwöhnen. Da Männchen nämlich von Natur aus undankbar sind (ganz besonders während eines Leidens) und Ihre Fürsorge sofort nach dem Ende der Schmerzen in Vergessenheit gerät, können Sie in diesem Fall keine schwerwiegenden Fehler begehen.

Bei Diarrhö empfehle ich hingegen, unbedingt selbst »krank« zu werden und vorübergehend bei einer Freundin unterzukommen. Das Männchen stirbt davon nicht, und die Besitzerin überlebt ebenfalls.

Bei einem Bandscheibenvorfall allerdings ist alle Liebesmühe vergebens, das Männchen muss in einem solchen Fall dringend entsorgt werden. Es jammert den ganzen Tag nur noch herum, kann keine handwerklichen Tätigkeiten mehr ausführen, und seine sexuelle Leistungsfähigkeit sinkt auf den Nullpunkt.

Schauen Sie sich in diesem Fall also besser sofort nach einem anderen, jüngeren Exemplar um. Wie Sie Ihr ausgedientes Männchen am effektivsten entsorgen, darauf gehe ich später noch gesondert ein.

Frauenfußball macht impotent

Die Vorliebe des Männchens für den Fußball stellt generell ein großes Problem für jede Halterin eines Exemplars dar. Je nachdem, wie erziehungsresistent sich Ihr Exemplar zeigt, sollten Sie ihm das Fußballschauen in besonders schlimmen Fällen sogar ganz verbieten. Sie wissen ja, Männchen schauen Fußball gern in Rudeln und trinken dabei übermäßig viel Bier. Anschließend ist Ihre Wohnung dann völlig verwüstet, und Sie können die ganze Nacht nicht schlafen, weil das Männchen schnarcht, als würde es einen kompletten Regenwald abholzen. Und die Alkoholfahne schlägt Ihnen zusätzlich noch auf den Magen.

Aufgaben, wie Fliesen legen, Computer reparieren oder Lebensmittel einkaufen werden an Fußballtagen ebenfalls vernachlässigt, und von einer liebevollen Massage nach dem Abendessen können Sie nur träumen, denn zum Abendessen wird ihr Männchen nicht anwesend sein, da es im Stadion, mit Muttis selbstgestricktem Schal um den Hals, mit seinen Mitmännchen La-Ola-Wellen tanzt.

Das sind aber nur die oberflächlichen negativen Auswirkungen des Fußballs auf den Erziehungsprozess. Fast genauso gefährlich sind die psychischen Schäden, die ein Männchen durch diesen angeblichen Sport erleiden kann – und hier ist in letzter Zeit noch eine weitere Gefahr hinzugekommen: der Frauenfußball. Dazu später mehr!

Sie wissen, Männchen identifizieren sich mit Vereinen und Fußballern. Sie sitzen im Stadion oder vor dem Fernseher und müssen nun plötzlich mit ansehen, dass deutsche Männerfußballer keine internationalen Titel mehr gewinnen, sondern in den entscheidenden Spielen immer wieder unterliegen – meist auch noch gegen südländische Männchen, die von mitteleuropäischen Exemplaren auch in anderen Bereichen als gefährliche Konkurrenten angesehen werden. Schon das zieht oft verheerende Konsequenzen nach sich: Das Männchen wird depressiv und verliert im Extremfall sogar schlagartig die Fähigkeit, sich zu paaren.

*

Sie sehen, der Fußball birgt an sich schon viele Gefahren in sich, die eine Erziehung des Männchens erheblich erschwert. Aber als wäre das alles nicht schon schlimm genug, kommt nun auch noch das Problem des Frauenfußballs hinzu. Folgende Faktoren wirken sich hier besonders negativ auf die Psyche der meisten Männchen aus:

- Männchen müssen mit ansehen, dass deutsche Frauen jede Menge Titel holen (von der letzten Weltmeisterschaft einmal abgesehen), Männer hingegen nicht;
- Männchen müssen eingestehen, dass guter Fußball auch ohne Riesenhonorare gespielt werden kann;
- Männchen erleben am Fernsehbildschirm mit, dass Fußball auch ohne Prügeleien möglich ist, sowohl auf dem Platz als auch auf den Zuschauerrängen;
- Männchen müssen mit ansehen, dass weibliche Zuschauer bei einer Niederlage ihrer Mannschaft nicht ungeniert weinen;

- Männchen müssen mit ansehen, dass Frauen im Stadion besser singen und tanzen können;
- Männchen müssen erkennen, dass offen ausgelebte Homosexualität keinen Einfluss auf die Qualität des Fußballs hat.

Sie können sicher leicht nachvollziehen, dass all dies geeignet ist, das Selbstverständnis eines Männchens total in Frage zu stellen. Die zuvor bereits genannten psychischen Schäden durch diesen »Sport« werden durch den erfolgreichen Frauenfußball vervielfacht. Und wer sind wieder mal die Leidtragenden? Natürlich wir, die Halterinnen eines Männchens.

Sie glauben, das alles sei Zufall und nicht zu verhindern? Sie täuschen sich gewaltig. Halten Sie sich fest! All das ist gewollt und Ergebnis einer langfristigen Strategie: Die Pharmaindustrie hat den Frauenfußball erfunden, um das Männchen zu schwächen. Ein geschwächtes Männchen ist nämlich nicht mehr in der Lage, den Paarungsakt zu vollziehen, und greift deshalb zum Hilfsmittel Viagra. Die Aktienkurse der Pharmakonzerne schießen in die Höhe und die Binnenwirtschaft wird angekurbelt. Das ist zwar auf den ersten Blick völlig in Ordnung, aber Sie, meine lieben Damen, sollten dennoch auf der Hut sein: Schützen Sie Ihre Männchen vor dem schädlichen Einfluss des Fußballs im Allgemeinen und des Frauenfußballs im Besonderen! Denn, Ankurbelung der Wirtschaft hin oder her, wenn Ihr Männchen sein ganzes Geld für Viagra ausgibt, bleibt für Ihre Schuhe und Accessoires kaum noch etwas übrig.

Was dem Hamster das Laufrad, ist dem Männchen der Hometrainer

Es gibt sie tatsächlich, die sportlichen Männchen – sie joggen, spielen Squash und golfen. Extremsportler lasse ich an dieser Stelle unberücksichtigt, die sind ohnehin öfter im Krankenhaus als zu Hause.

Für die Halterin ist es sehr erfreulich, wenn ein Männchen sich um seine Physis kümmert, doch birgt eine solche Aktivität, vor allem wenn sie plötzlich und unerwartet kommt, auch zahlreiche Gefahren in sich. Das Selbstwertgefühl des Männchens könnte zum Beispiel durch fremde Frauchen zu sehr gepusht werden! Viele Frauen mögen sportliche Exemplare der Spezies, zumal, wenn diese schon erzogen sind, und sie neigen dann zum Diebstahl. Sie planen genauestens, *wann* sie joggen, *wie* sie ihre Stretchübungen gut sichtbar für das zu stehlende Männchen vorführen, und sie planen minutiös den perfekten Augenblick, um zu stürzen; perfekt ist dabei selbstverständlich der Augenblick, in dem ein geeignetes Männchen in der Nähe ist, von dem sie gerettet werden möchten!

Ein morgendliches Joggen können Sie bedenkenlos gestatten, da Ihr Männchen dann in der Regel ungeduscht und unrasiert in die Öffentlichkeit geht. Sollte Ihr Männchen allerdings vor dem Joggen duschen, dann sollten Sie das als gefährliches Warnzeichen nehmen: Irgendetwas stimmt da nicht! In einem solchen Fall ist eine sofortige Reaktion gefordert! Schenken Sie Ihrem Männchen einen Hometrainer! Falls es dann noch immer nicht auf das Joggen verzichten will, laufen Sie in der Tat Gefahr, es zu verlieren – da ist ohne Zweifel ein anderes Frauchen im Spiel. Nun müssen Sie zur härtesten Waffe eines Besitzerfrauchens greifen: PRAKTIZIEREN SIE MORGENSEX!

Hier nun ist gutes Timing gefragt. Behalten Sie immer die Uhr im Auge! Der Akt darf erst beendet werden, kurz bevor das Männchen zur Arbeit muss!

Setzen Sie diese Waffe aber bitte äußerst sparsam ein, Sie laufen sonst Gefahr, Ihr Männchen zu sehr zu verwöhnen. Und wer will schon regelmäßigen Morgensex?

Wie man es schafft, das Selbstbewusstsein eines Männchens im Keim zu ersticken

Ein zu starkes Selbstbewusstsein Ihres Männchens kann zu großen Schwierigkeiten im Zusammenleben führen. Deshalb sollten Sie als Halterin eines solchen Exemplars tunlichst darauf achten, dass sich dessen Ego nicht zu stark ausprägt.

Um ein zu großes Selbstwertgefühl des Männchens auf ein vertretbares Maß zurückzuschrauben, genügen manchmal schon Hinweise auf seine körperliche Verfassung oder sein Alter. Wenig schmeichelhafte Kommentare zu seinem Bierbauch oder über seine Unsportlichkeit holen ein Männchen im Allgemeinen schnell auf den Boden der Tatsachen zurück. Sollte Ihr Exemplar allerdings noch jung und sportlich sein, dann weisen Sie es zum Beispiel daraufhin, dass es das Regal im Bad schief angebracht hat.

Oft hilft es auch, einem Männchen zu sagen, dass es anscheinend unfähig sei, die Spülmaschine korrekt einzuräumen. Die ständig nach oben geklappte Toilettenbrille oder falsch getrennter Müll bergen ebenfalls ein immenses Potenzial, das Männchen in seine Grenzen zu verweisen. Alternativ können Sie Ihrem Exemplar beim Essen natürlich auch ständig zu verstehen geben, dass es die Gabel wie so oft nicht richtig hält oder sich schon wieder bekleckert hat.

Wenn all diese Vorschläge bei Ihrem Männchen noch immer nicht fruchten, müssen Sie wohl zum ultimativen Mittel greifen und Ihrem Männchen sagen (wörtlich): »Also, früher waren meine Orgasmen besser.« Sollte ihm das nicht den Rest geben, dann gibt es definitiv keine Hilfe mehr, und Sie sollten über eine Entsorgung nachdenken! Aber keine Sorge, meistens klappt es.

Die richtige Erziehung des Männchens anhand eines Beispiels

Um es noch einmal zu wiederholen: Männchen lernen sehr langsam und erweisen sich in vielerlei Hinsicht als sehr begriffsstutzig. Das sollte ein Frauchen nie vergessen, schon gar nicht zu Beginn eines Erziehungsprozesses, aber auch danach kommt es häufig noch zu Fehleinschätzungen der Auffassungsgabe des Männchens.

Wenn Sie Ihrem Exemplar einen Auftrag erteilen, dann achten Sie unbedingt darauf, diesen eindeutig zu formulieren. Wenn Sie dem Männchen sagen: »Nimm den Müll mit!«, ist es mit Sicherheit irritiert. Es will Ihnen unbedingt gefallen, um sich fortpflanzen zu dürfen, aber es kann diesen unklar formulierten Auftrag nicht korrekt ausführen. Zwar kann das Männchen durchaus den Müll »mitnehmen«, es weiß jedoch nicht, wohin es ihn mitnehmen soll. Und so kommt es häufig vor, dass ein Männchen solch einen Auftrag zwar ausführt, danach jedoch orientierungslos mit dem Müll in der Stadt umherirrt. Überdies kam es schon häufiger zu unschönen Auseinandersetzungen am Arbeitsplatz, wenn ein Männchen dort mit seiner Mülltüte erschien und seine Mitmännchen sich dadurch gestört fühlten. Ebenso gibt es immer wieder Zeitungsberichte über seltsame Mülltütenfunde in Hausfluren!

Zu wenig konkrete Anweisungen des Frauchens zersetzen also das Selbstbewusstsein des Männchens – mit der Folge, dass im schlimmsten Fall seine sexuelle Leistungsfähigkeit abnimmt. Achten Sie deshalb immer darauf, dass Sie Ihre Aufträge eindeutig formulieren. Sagen sie also nicht: »Nimm den Müll mit!«, sondern: »Schmeiß den Müll in die Mülltonne.«

Sie werden sehen, schon klappt es nicht nur, sondern das Männchen ist Ihnen sogar noch dankbar. Denn es weiß jetzt, dass das von ihm Verlangte tatsächlich auch ausführbar ist und wie es das zu bewerkstelligen hat. Es freut sich über seine Leistung und die dadurch erzielte Harmonie zu Hause, und dies werden Sie beim nächsten Paarungsakt garantiert bemerken.

Bedenken Sie: Das Männchen ist häufig unschuldig, wenn es Fehler macht. Strafen nutzen hier rein gar nichts – selbst die Verweigerung des Paarungsaktes nicht!

Sagen Sie nie »Warmduscher« zu einem Männchen

In den letzten Jahren häufen sich Zeitungsberichte, die ein bedauerliches Phänomen belegen: Immer mehr Single-Männchen gehen plötzlich und vorzeitig ein. Wir wissen ja schon, dass die meisten Männchen ohne ein Frauchen nur drei bis sechs Jahre in freier Natur überleben können – aber ein Massensterben einer ganzen Art in dieser Form hat es lange nicht gegeben. Für diese Entwicklung, die Anlass zu ernsthafter Besorgnis gibt, sind sich sehr unterschiedliche Ursachen verantwortlich; ich möchte an dieser Stelle allerdings nur auf eine eingehen, die stellvertretend für viele andere steht: das Kaltduschen.

Männchen hören an nahezu jeder Ecke, sie seien Weicheier, schwanzlos oder Warmduscher. Da Single-Männchen in der Regel noch nicht erzogen wurden, neigen sie dazu, gegen derartige Vorurteile (zumindest aus ihrer Sicht) anzukämpfen. Sie tun das, indem sie versuchen, das Gegenteil von dem zu tun, was ihnen vorgeworfen wird. Sie wollen um jeden Preis wieder als ein echter Mann angesehen werden und strengen sich dabei auch redlich an. Natürlich gelingt das ihnen nicht ohne die führende Hand eines Frauchens – aber ein nicht erzogenes Männchen kann das aus den schon genannten Gründen natürlich nicht wissen.

Männchen, die als Warmduscher beschimpft wurden, beginnen nun also damit, täglich dreimal kalt zu duschen. Das zieht verheerende Folgen nach sich! Da ein Single-Männchen im Normalfall höchstens einmal wöchentlich duscht, ist seine Haut das viele Wasser nicht gewohnt. Sie wird von Tag zu Tag dünner und verschwindet schließlich ganz. Dieser Prozess dauert in der Regel sechs bis acht Monate, es sei denn, das Männchen beginnt zusätzlich noch, beim Duschen auch Seife oder Gel zu benutzen. Beide Mittel beschleunigen den Krankheitsverlauf der malträtierten Haut erheblich, denn nun treten auch noch Allergien auf.

Erschwerend kommt hinzu, dass das viele kalte Wasser eine negative Auswirkung auf die Größe des Geschlechtsorgans hat, über das Männchen im Allgemeinen und Single-Männchen noch viel stärker ihre gesamte Existenz definieren. Ein deutliches Schrumpfen dieses Organs hat deshalb für das Single-Männchen schwere Depressionen zur Folge, denn es glaubt sich nun nicht mehr paaren zu können und bald sterben zu müssen.

Ein derartiger körperlicher UND psychischer Verfall führt unweigerlich zum Tod des Männchens innerhalb nur eines Jahres.

Im Sinne des Artenschutzes bitte ich Sie inständig, meine lieben Damen: Achten Sie auf Ihre Wortwahl! Sagen Sie nie »Warmduscher« zu einem Männchen!

Urlaubsreisen mit einem Männchen

Noch nicht oder schlecht erzogene Männchen neigen zu einer eigenen Meinung – und das ist nicht gut! Die Quittung für eine versäumte oder nur oberflächlich betriebene Erziehungsarbeit bekommen die Frauchen dann spätestens während eines gemeinsamen Urlaubes präsentiert. Oft beginnen die Probleme schon vor Antritt der Reise. So kann es durchaus geschehen, dass ein Männchen tatsächlich mit entscheiden will, wo Sie den Urlaub verbringen. Oder es weigert sich, seinen Koffer allein zu packen. Ganz schlimm wird es, wenn Sie das Männchen gar noch die Buchung vornehmen lassen: Dann kann es nämlich geschehen, dass es sparen will und als Unterkunft ein eine Ferienwohnung statt eines Zimmers im Fünfsternehotel auswählt.

Während des Urlaubes selbst ergeben sich häufig noch weitaus schwerwiegendere Probleme. Hier einige ausgewählte Beispiele:

- Das Männchen putzt sich während eines zwölf Stunden dauernden Fluges nicht ein einziges Mal die Zähne.
- Während des Fluges zieht es hemmungslos seine Schuhe aus und lässt sich davon auch durch nicht oder nur notdürftige gestopfte Strümpfe nicht abhalten (von abgesonderten Gerüchen mal ganz abgesehen).
- In besonders schlimmen Fällen bewegt und rasiert sich das Männchen während des gesamten Urlaubes nicht.
- Es versteht absolut nicht, dass für Sie täglich die teuersten Wellness-Anwendungen unabdingbar sind, weil Sie sich sonst im Urlaub nicht wirklich erholen können.
- Das Männchen läuft am späten Abend noch in seiner Badehose ins Restaurant.
- Das Männchen will sich auch während des Urlaubes unbedingt mit Ihnen paaren.

Wenn Sie Ihr Männchen trotz der offensichtlich fehlgeschlagenen Erziehung behalten wollen, sollten Sie von nun an besser allein in Urlaub fahren. Nehmen Sie sich ruhig eine Freundin mit; sie darf aber nicht zu hübsch sein, sonst sinken Ihre Chancen auf genussvollen Urlaubssex erheblich. Der Paarungsakt mit einem Urlaubsmännchen kann, wie zuvor schon beschrieben, sehr anregend sein, da sich dieses Männchen sehr bemühen wird, Ihnen zu gefallen. Umgekehrt gilt natürlich die Grundregel Nummer eins: Lassen Sie Ihr Männchen auf gar keinen Fall allein in Urlaub fahren! Denn in vielen Regionen der Welt gibt es auch heute noch zahlreiche Urlaubsweibchen, für die Ihr Männchen durchaus attraktiv ist. Oder allein reisende Frauchen, die möglicherweise nach etwas anderem als nur einem Urlaubsmännchen jagen. Beides ist gefährlich!

Sollten Sie allerdings Ihr Männchen auch im Urlaub dringend benötigen – zum Beispiel als Chauffeur oder Übersetzer –, dann bleibt Ihnen nichts anderes übrig, als durchzuhalten. Und zu versuchen, das Männchen von den größten Missgriffen im Urlaub abzuhalten. Eine stete Verweigerung des Paarungsaktes bei Nichtgehorsam führt hier gemeinhin auch zu dem gewünschten Ergebnis!

Die Entsorgung sollte human sein ...

V.

Entsorgung eines Männchens – die humansten Methoden

Gründe für die Entsorgung eines Männchens

Immer häufiger liest oder hört man davon, dass wieder einmal ein Männchen ausgesetzt oder anderweitig entsorgt wurde. Das hat es zu früheren Zeiten sehr viel seltener gegeben, aus Gründen, auf die ich in diesem Zusammenhang nicht weiter eingehen möchte. Nur so viel: Auch unsere Vorfahrinnen hätten ihre Männchen sicher nur allzu oft gerne entsorgt, nur hatten sie dazu weniger Möglichkeiten. Dafür war es für sie jedoch auch sehr viel leichter, ein Männchen zu fangen – leider scheint es so zu sein, dass ein Frauchen niemals alles auf einmal haben kann. Aber das ist vielleicht schon ein Thema für meinen nächsten Ratgeber.

Widmen wir uns besser der Frage, weshalb es notwendig sein kann und in den meisten Fällen auch wird, ein Männchen irgendwann zu entsorgen. Dafür gibt es die unterschiedlichsten Gründe, von denen ich einige hier aufzählen möchte:

- einsetzende Fettleibigkeit
- Schwererziehbarkeit
- schwerwiegende Verfehlungen des Männchens
- verkümmerte Paarungsqualitäten
- plötzliche Armut
- die zwei Jahre Ehezeit sind beendet

Welcher dieser Gründe nun auch zutrifft, die Entsorgung eines Männchens stellt für jedes Frauchen die größte Herausforderung seit der Aneignung desselbigen dar.

Viele Frauchen setzen ihr Männchen einfach aus. Das ist unverantwortlich, denn schließlich ist auch ein Männchen ein Lebewesen! Meiner Meinung nach besteht die humanste Variante darin, das Männchen weiterzureichen. Durch den Frauchenüberschuss in unserer Gesellschaft finden sich in der Regel immer wieder Artgenossinnen, die gern auch ein ausgedientes Männchen bei sich aufnehmen. Diese Secondhand-Halterinnen befinden sich überwiegend in der Lebensmitte und haben möglicherweise selbst schon einmal ein Männchen weitergereicht (oft ist es ihnen auch gestohlen worden). Wenn Sie also Ihr Männchen an eine solche Artgenossin weiterreichen, so ist damit allen geholfen – dem Mittelalterfrauchen, dem ausgedienten Männchen und vor allem Ihnen.

Allerdings ist es nicht immer ganz einfach, dem Männchen unbemerkt eine neue Besitzerin unterzujubeln. Sie müssen eine solche Weitergabe also sorgfältig vorbereiten. Als Erstes sollten Sie ein für die Übernahme geeignetes Frauchen suchen. Das ist relativ einfach, denn dieser Typus von Frauchen strömt in Massen zu Ü-40-Partys, Facebookstammtischen, »Sex and the City«-Vorstellungen, klassischen Singlepartys, meinen Lesungen oder meinen Auftritten. Nun müssen Sie das für Ihr Männchen passende Frauchen finden. Die wichtigste Voraussetzung dafür ist, dass es keine zu hohen Ansprüche stellt und die Bereitschaft zeigt, sich unbedingt noch einmal (in seltenen Fällen sogar zum ersten Mal) ein Männchen zuzulegen.

Wenn Sie ein solches Frauchen gefunden haben, sollten Sie sich schnellstens mit ihm anfreunden. Verabreden Sie sich zum Kinobesuch, ins Fitnesscenter oder gehen Sie einfach zusammen essen. Nehmen Sie zu diesen Treffen immer Ihr Männchen mit.

Wenn Sie dann bemerken, dass das Verhältnis zwischen dem Mittelalterfrauchen und dem weiterzureichenden Männchen vertrauter geworden ist, müssen Sie unbedingt dafür sorgen, dass die beiden bei der nächsten Verabredung alleine sind. Sagen Sie Ihre Teilnahme an dem Treffen möglichst kurzfristig ab, weil Ihnen etwas Unaufschiebbares dazwischen gekommen ist, und wünschen Sie beiden einen schönen Abend.

Nun wird sich das Mittelalterfrauchen auf Ihr Männchen stürzen, denn es ist ausgehungert. Das Männchen wiederum kann sich gar nicht dagegen wehren, mitzumachen, weil es ... Na ja, das muss ich wohl nicht weiter ausführen, Sie wissen ja, wie es bei den Männchen und der Durchblutung ihrer Organe ist.

Damit sind Sie fast schon am Ziel angelangt. Wenn alles normal läuft, müssen Sie die beiden nur noch in flagranti ertappen, und alles ist perfekt. Sie schmeißen Ihr ausgedientes Männchen raus, das Mittelalterfrauchen wird es dankbar bei sich aufnehmen, und Sie müssen sich keine Vorwürfe machen, weil Sie das Männchen ausgesetzt haben – es wird auf jeden Fall nicht eingehen.

Meine hochwissenschaftlichen Studien belegen, dass Versuche einer Weiterreichung in 74% aller Fälle erfolgreich verlaufen. Die restlichen 26% stellen allerdings ein ernsthaftes Problem dar. Denn diese Männchen sind allem Anschein nach absolut nicht mehr zu vermitteln.

Was aber macht man mit diesen Exemplaren? Meine Bemühungen, eine Männchenklappe einzuführen, wurden leider von der Politik bislang ignoriert, und die beiden einzigen Männchenhäuser in Deutschland sind gnadenlos überfüllt. Wie diesen Männchen zu helfen ist, weiß auch ich nicht. Aber ich bin dankbar für jede Anregung aus der Praxis. Sollten Sie also eine Idee haben, wie man in solch einem schwierigen Fall Abhilfe schaffen könnte, zögern Sie bitte nicht, mich darüber zu informieren.

Für diese Männchen gibt es keine Hilfe mehr. Ich bemühe mich nun schon seit Jahren um die Anbringung einer Männchenklappe an Männchenhäusern, leider jedoch ohne Erfolg. Ich bleibe dran, denn auch wenn sie nichts mehr nützen, die ausgedienten Männchen, unnötiges Quälen muss nicht sein. Humanität ist gefragt!

Weitergabe des Männchens in pflegende Hände

Wie wir wissen, ist die Entsorgung des Männchens der schwierigste Teil der Haltung. In meinen hochwissenschaftlichen Arbeiten bin ich stets bemüht möglichst humane Vorgehensweisen zu entwickeln.

Meine Methodik der Entsorgung werde ich demnächst in Vorträgen (Lesungen) weitergeben, denn nur ein geschultes Frauchen ist ein gutes Frauchen.

Wie aber wird die Besitzerin eines Männchens selbiges los, ohne dass es eingeht?

Nutzen Sie die Schwächen des Männchens. Ein Männchen provoziert in regelmäßigen Abständen Streit. Das liegt daran, dass seine Fantasie nachlässt. Der Paarungsakt ist langweilig geworden, das Männchen will aber, dass Sie wieder Freude mit ihm haben, und versucht, das Versöhnungspaarungsritual zu bekommen.

Nun ist Ihre Gelegenheit, das Männchen loszuwerden, gekommen. Während des provozierten Streits geben Sie ihm einfach immer Recht. Das Männchen sagt:

Du gibst zu viel Geld aus.

Du lachst zu laut in Gesellschaft.

Dein Rock ist zu kurz.

Rede mit den Geschäftspartnern nicht so offen.

Spiel dich nicht in den Mittelpunkt, du weißt ja, ich bin der Mittelpunktsmensch.

Das Navi hat sich bestimmt geirrt.

Ich halte die Gabel, wie ich will.

Ich habe doch vorgestern geduscht.

Wir sind von da gekommen, wirklich. Ich habe den besseren Orientierungssinn.

Die Liste ist lang, könnte jedoch problemlos noch fortgeführt werden; aber ich will Sie jetzt nicht damit langweilen, Sie hören diese und vergleichbare Sätze ja ohnehin jeden Tag.

Geben Sie dem Männchen also immer wieder Recht, aber verändern Sie auf gar keine Fall Ihre Verhaltensweisen. Vermeiden Sie jeglichen Streit, lassen Sie Ihr Männchen hilflos umherirren und sich vor allen Menschen blamieren.

Auf diese Weise ständig gedemütigt, wird das Männchen erkennen, dass es ohne Sie nicht zurechtkommt, und es wird zunehmend unsicher werden. Wichtig ist, dass Sie in dieser Phase jeglichen Paarungsakt verweigern; sehen Sie aber zu, dass Sie Ihr Männchen immer wieder beim Onanieren erwischen.

Der Wahnsinn ist nun schon sehr nahe! Das Werk wird vollendet, indem Sie zum Beispiel das Navigationssystem Ihres Männchens manipulieren lassen oder seinen Geschäftspartnern erzählen, wie schlecht es seine Angestellten bezahlt.

Tauschen Sie nun noch seine Schmerz- gegen Schlaftabletten aus, und es ist vollbracht. Wegen Suizidverdachtes und beginnenden Wahnsinns kann Ihr Männchen nun in der Psychiatrie aufgenommen werden, und all Ihre Freunde und Geschäftspartner werden bestätigen, dass es schon länger depressiv gewesen sei.

Diese Form von Entsorgung ist ein echter Akt der Nächstenliebe.

Vorbereitung der Entsorgung durch Aufrichtigkeit

Sie haben sich entschlossen, Ihr Männchen zu entsorgen, möchten ihm dies aber so behutsam wie möglich beibringen, weil Sie ja schließlich nicht hartherzig sind? Aber Sie wissen noch nicht so recht, wie Sie das angehen sollen? Da kann ich Ihnen nur raten: Seien Sie aufrichtig, dann geht alles wie von selbst.

Ja, die Wahrheit ist wohl in der Tat die einfachste und sicherste Form, ein Männchen auf seine bevorstehende Entsorgung vorzubereiten. Es ist nicht erforderlich, langwierige Vorbereitungen zu treffen, Sie müssen keine Freundinnen einspannen, und es kostet Sie überhaupt nichts. Alles, was Sie tun müssen, ist so zu sein, wie Sie wirklich sind. Was das heißt, lässt sich an ein paar einfachen Beispielen verdeutlichen:

Hören Sie auf, sich täglich zu schminken! Verzichten Sie auf Haarspülungen! Vermeiden Sie jegliche Rasuren. Und vor allem: Jammern Sie! Jammern Sie, wenn Sie frieren! Jammern Sie, wenn Sie Blumen gießen müssen! Jammern Sie, wenn Sie Besuch bekommen! Weinen Sie, weil Sie sich unverstanden fühlen! Weinen Sie, weil Ihr Männchen so viel arbeitet! Weinen Sie, weil Sie zu viel im Haushalt zu tun haben!

Hilfreich ist weiterhin, das Männchen ständig in der Arbeit anzurufen. Rufen Sie es an, wenn Sie sich verfahren haben! Rufen Sie an, wenn Sie einfach grundlos traurig oder wütend sind! Und rufen Sie auch an, wenn eine Socke verschwunden ist!

Die erste spürbare Reaktion wird sein, dass sich das Männchen plötzlich viel länger im Büro aufhält als zuvor schon. In der zweiten Reaktionsstufe wird es sich immer öfter betrinken. Und das nächste deutliche Zeichen, dass die Therapie wirkt, wird darin bestehen, dass Ihr Männchen mit Lippenstift am Kragen nach Hause kommt.

Wenn Sie nun durchhalten und meine Ratschläge weiterhin befolgen, sind Sie bald am Ziel. Im Idealfall wird das Männchen sogar von ganz allein das Weite suchen, und Sie müssen sich nicht einmal Vorwürfe machen. Allerdings gibt es etliche Männchen, die sehr hartnäckig sind und einfach nicht gehen wollen. Sie fühlen sich immer noch wohl bei Ihnen, wenn auch nur so, wie sich junge Männchen bei ihrer Mutter wohlfühlen. Ja, ich habe sogar gehört, es soll Exemplare geben, die durch derartige Verhaltensweisen Ihres Frauchens richtig aufblühen.

Falls dieser Fall auf Ihr Exemplar zutreffen sollte, ist es zwingend notwendig, ihm im nächsten Schritt eine Paartherapie vorzuschlagen. Falls Sie damit noch immer keinen Erfolg haben und das Männchen wider Erwarten Ihrem Vorschlag zustimmt, bleibt Ihnen nichts anderes übrig, als doch eine Ihrer Freundinnen um Hilfe zu bitten. Die muss nun die Therapeutin mimen. Jetzt mieten Sie einen Raum, der einer Praxis gleicht (ein Monat sollte genügen, Sie müssen ja sparen), und kopieren Diplome und Ähnliches für die Wartezimmerwand. Kaufen Sie am besten auch ein Terrarium mit einer Schwarzen Witwe und geben Sie dieser immer kurz vor dem Beratungstermin ein Männchen zur Paarung, das wird garantiert auf das Unterbewusstsein Ihres Männchens wirken. Und nun kann es losgehen. Immer rauf auf die Männlichkeit! Stimmen Sie sich gut mit Ihrer Freundin ab, sodass diese auch die in Ihrem Sinne richtigen Deutungen geben und eine Therapie vorschreiben kann, die das Männchen nun hoffentlich endgültig aus dem Haus treiben wird. Ich denke, es ist keine große Aufgabe, dies entsprechend vorzubereiten. Hier kann ich allerdings keine allgemeingültigen Ratschläge geben, solch eine Therapie ist in jedem einzelnen Fall sehr individuell zu gestalten.

Sollte Ihr Männchen nun immer noch nicht zusammengebrochen sein und im schlimmsten Fall sogar noch die Bereitschaft zeigen, die Therapie anzunehmen, dann bitte ich Sie inständig, mir dieses Exemplar zu übersenden. Ich werde es gut für meine Forschungsarbeiten gebrauchen können und werde persönlich dafür sorgen, dass Ihr Männchen nach seinem Tod ausgestopft und für die Allgemeinheit gut sichtbar ausgestellt wird – mit der Aufschrift: »Liebendes Männchen«!

Wer schnell geschieden ist, kann öfter heiraten ...

Nachwort für die Frauchen

Nach der Scheidung

Sie haben Ihr Männchen entsorgt und sind »erfolgreich« geschieden? Herzlichen Glückwunsch! Jetzt haben Sie hoffentlich ein gutes Auskommen und müssen kein zweites Mal heiraten. Sie ernähren sich von Luft, Champagner und jungen Liebhabern, brauchen nicht zu arbeiten und erfreuen sich an schönen Reisen. Ihr Leben ist perfekt.

Doch Vorsicht, es lauern auch weiterhin überall Gefahren. Einige ausgediente Männchen verfügen durchaus noch über Attraktivität und genügend Kapital, um männchenlosen Frauchen sehr interessant zu erscheinen.

Solidarität unter Frauchen ist eine schöne Sache, aber eine zweite Heirat Ihres Ex-Männchens ist dennoch sehr gefährlich. Falls Ihr Exemplar tatsächlich ein neues Frauchen kennenlernt, kann es zu Komplikationen kommen.

Wenn also ein solcher Fall bei Ihrem ausgedienten Männchen eintritt, heißt es, sofort Gegenmaßnahmen zu ergreifen. Sie sollten sich darum bemühen, das interessierte Frauchen schnellstens kennenzulernen und seine Vorstellungen und Zielsetzungen ausforschen. Prüfen Sie zunächst, ob es mein Buch gelesen hat. Wenn ja, müssen Sie sich keine Sorgen machen, das neue Frauchen wird Ihnen Ihren luxuriösen Lebenswandel gönnen, da es ja selbst einen entsprechenden anstrebt.

Sollte es aber mein Buch nicht gelesen haben, ist Gefahr im Verzug! Dieses Frauchen darf Ihr Ex-Männchen unter gar keinen Umständen heiraten! Denn solch ein Exemplar wird jedem, sogar Ihnen erzählen, wie sehr es das Männchen liebt und dass es überhaupt nicht an seinem Geld interessiert ist. Es wird sich jedoch von Ihrem Männchen Geld geben lassen, um als Schmuckdesignerin ein Geschäft in der besten Lage der Stadt zu eröffnen, das dann natürlich sehr schnell Pleite geht. Oder es wird mit teuerstem Pelz besetzte Handtaschen und Überdecken herstellen und schon nach kurzer Zeit die Materialkosten nicht mehr aufbringen können. Oder es eröffnet ein Kosmetikstudio, das angesichts schlechter Leistung innerhalb kürzester Zeit unter immensen finanziellen Verlusten wieder schließen muss.

Ich könnte Ihnen noch weitere Beispiele nennen, aber das Ergebnis wird in jedem Fall dasselbe sein: Ehe Sie sich versehen, ist Ihr Ex-Männchen mittellos und Sie gleich mit ihm!

Die einzige Methode, einer solchen Entwicklung vorzubeugen, besteht darin, dass Sie Ihr ausgedientes Männchen öfter mal zum Essen einladen – ich empfehle Ihnen, es mit Steaks zu füttern, das hilft immer, zumal das neue Frauchen vermutlich sehr gesundheitsbewusst leben und auch das Männchen dahingehend zu bekehren versuchen wird. Bei solchen Treffen sollten Sie dann mit Ihrem Männchen über die guten alten Zeiten reden – und wenn das alles nicht hilft und das Männchen immer noch die Absicht bekundet, abermals zu heiraten, dann müssen Sie es wieder in Ihr Bett locken. Das Männchen ist jederzeit bereit, zu Ihnen zurückzukehren, denn Altgewohntes gibt ihm Sicherheit. Machen Sie Ihrem Männchen also Hoffnung, und es wird, ohne zu zögern, die Beziehung zu seinem neuen Frauchen beenden.

Natürlich gibt es auch einen einfacheren Weg: Schenken Sie dem interessierten Frauchen meinen Ratgeber und sorgen

Sie dafür, dass der auch gelesen wird. Dann brauchen Sie sich keine Gedanken mehr zu machen und können am Ende beide von der Arbeit des Männchens profitieren.

Nachwort für die Männchen

Wie immer wieder zu hören ist, steigt die Zahl der frauchenlosen Männchen stetig. Verständlicherweise gibt es zahlreiche Exemplare dieser Gattung, die sehr unter diesem Zustand leiden. Aber ich kann Sie trösten und Ihnen versichern: Machen Sie sich keine Sorgen! Auch Sie werden eines Tages in den Besitz eines Frauchens übergehen. Mit ein wenig Glück und Geschick können Sie die Zeitspanne bis dahin sogar deutlich verkürzen. Denn ich weiß ja, es ist nicht leicht, ein einsames Männchen zu sein und ohne Hilfe und Leitung mit all den Unzulänglichkeiten Ihrer Spezies leben zu müssen.

Im Folgenden gebe ich Ihnen deshalb eine kleine Hilfestellung, wie Sie Ihre Situation verbessern können. Ein großes Problem stellt das eindimensionale Denken des Männchens dar, deshalb haben viele Männchen nicht die geringste Vorstellung davon, wie sie ihre zukünftige Besitzerin dazu bringen könnten, sich ihrer anzunehmen und sie vielleicht sogar für immer bei sich zu behalten.

Dabei ist das alles gar nicht so schwer, wie die meisten Männchen glauben. Mein Tipp: Sehen Sie die ganze Sache als ein Projekt an, wie Sie das aus Ihrem Berufsleben kennen. Am besten verdeutlich ich das richtige Vorgehen an einem konkreten Beispiel:

Schritt 1: Stellen Sie sich vor, Sie lernen den Marketingleiter von Red Bell kennen und erfahren von ihm, dass er eine neue Werbeagentur sucht. Wie es der Zufall will, leiten Sie eine solche Agentur.

Übersetzung: Sie treffen das Frauchen Ihres Lebens und dieses Frauchen ist gerade bereit, ein Männchen aufzunehmen.

Schritt 2: Natürlich arbeiten Sie jetzt unverzüglich eine Strategie aus, wie Sie diesen interessanten Kunden gewinnen können. Sie versuchen, ihn durch regelmäßige Restaurant- und Barbesuche bei Laune zu halten, und bleiben ständig in Kontakt mit ihm. Sie erklären dem Marketingleiter, dass Sie bestens für den Auftrag geeignet sind, und versichern ihm, wie nutzbringend es doch für beide Seiten wäre zusammenzuarbeiten.
Übersetzung: Sie sollten das Frauchen regelmäßig ausführen, viel mit ihm reden und es davon überzeugen, wie vorteilhaft ein Zusammenleben für beide Seiten wäre.

Schritt 3: Der Kunde gibt Ihnen die Möglichkeit, ihm Ihre Ideen in einer Präsentation vorzustellen, und lädt Sie zu einem Pitch ein. Mit guter Vorbereitung, Geschick und viel Fantasie schaffen Sie es vielleicht, Ihre Mitbewerber auszustechen. Deshalb stecken Sie in den kommenden Tagen und Wochen sehr viel Zeit und Energie in dieses Projekt.
Übersetzung: Wenn Sie das Frauchen überzeugen wollen, dass es sinnvoll ist, sich Ihrer anzunehmen, müssen Sie auch hier viel Zeit und Energie investieren und sich als fantasievoll erweisen (Wochenendtrips nach Paris könnten das zum Beispiel belegen). Zeigen Sie dem Frauchen auch Ihre handwerklichen Fähigkeiten und Qualitäten, zum Beispiel, indem Sie den Garten umgraben.

Schritt 4: Falls Sie trotz aller Bemühungen nicht gut genug waren, um den Auftrag Ihres Kunden zu bekommen, bleibt Ihnen immer noch die Möglichkeit, Ihre Mitbewerber zu unterbieten. Das bedeutet zwar unter Umständen gewaltige finanzielle Einbußen, ist aber langfristig gesehen allemal besser,

als einen so interessanten Kunden nicht gewinnen zu können.
Übersetzung: Falls Sie wegen eines Bandscheibenvorfalls nicht durch körperliche Arbeit punkten können oder der Wochenendausflug nach Paris in die Hose ging, weil Sie das günstigste Hotel gewählt oder Prosecco statt Champagner bestellt haben, dann bleibt Ihnen nur noch eines übrig: Sie müssen tief in die Tasche greifen und Ihr auserwähltes Frauchen reich beschenken. Das mag für den Augenblick vielleicht schmerzlich sein, erweist sich langfristig jedoch als eine überaus lohnende Investition!

Schritt 5: Nachdem Sie den Kunden nun endlich gewonnen haben, heißt es, ihn bei Laune zu halten. Weihnachtsgeschenke, Geburtstagsgeschenke, Einladungen in die Oper, zum Essen und auf Bälle sind ein absolutes Pflichtprogramm. Auch Kurzreisen und Bordellbesuche halten Ihre Auftraggeber bei Laune. Wenn Sie das alles beherzigen, werden Sie lange Zeit Freude an Ihrem Kunden haben.
Übersetzung: Wenn Sie Ihrem Frauchen genauso viel Aufmerksamkeit schenken wie Ihrem Kunden, wird es Sie vielleicht niemals aussetzen und Sie gut pflegen. Ja, vielleicht wird es Sie sogar als gleichwertig ansehen und Sie auf ewig lieben.

Sehen Sie: Das ist doch gar nicht so schwer. Also, folgen Sie meinem Rat, und Ihre frauchenlose Leidenszeit wird schon bald beendet sein!

Beschwerde (statt Danksagung)

An erster Stelle steht Kurt Heering, der mir schlaflose Nächte bereitete, damit ich dieses Buch fertig bekam. Nur darum sehe ich älter aus als ich bin! Die Rechnung meines Schönheitschirurgen wird an dich gehen!

Auch über meine Freundin Audrey muss ich mich beklagen. Du hast mir so viel Blödsinn in den Kopf gesetzt, dass ich das aufschreiben musste. Ohne dich hätte ich viel mehr Freizeit gehabt und Kurt nie kennengelernt!

Die Krönung aber sind meine Facebook-Freunde. Unermüdlich habt ihr euch auf meiner Pinnwand ausgetobt und mir immer wieder neue Ideen geliefert. Ihr seid dafür verantwortlich, dass ich vor dem Rechner saß und nicht auf Männerfang ging. Nur euretwegen bin ich immer noch nicht verheiratet!

Ohne euch alle wäre das Buch nicht entstanden, wie gesagt: Ihr seid schuld!